Sammlungskataloge des Lippischen Landesmuseums 2
herausgegeben von Michael Zelle

112 Seiten mit 80 Abbildungen und 1 Karte

Bibliografische Information der Deutschen Nationalbibliothek
Die Deutsche Nationalbibliothek verzeichnet diese Publikation in der Deutschen Nationalbibliografie; detaillierte bibliografische Daten sind im Internet über http://www.dnb.ddb.de abrufbar.

ISBN: 978-3-96176-125-8

Lektorat: Tina Sieber, Tülin Degirmenci, Nünnerich-Asmus Verlag & Media GmbH
Gestaltung des Titelbildes: Hans Jürgen Wiehr, Mainz
Gestaltung: Manuela Wirtz, Schüller
Druck: Schleunungdruck GmbH, Marktheidenfeld
Buchbindung: Hubert & Co. GmbH & Co. KG. Buchpartner, Göttingen

Printed in Germany by Nünnerich-Asmus Verlag & Media
Weitere Titel aus unserem Verlagsprogramm finden Sie unter:
www.na-verlag.de

Sammlungskataloge des Lippischen Landesmuseums 2
Michael Zelle (Hrsg.)

Paul Duschner

AFRIKANISCHE MASKEN UND SKULPTUREN DER SAMMLUNG KARL-JOSEF SCHEIDELER DES LIPPISCHEN LANDESMUSEUMS DETMOLD

LIPPISCHES
LANDESMUSEUM
DETMOLD

Landesverband Lippe

INHALTSVERZEICHNIS

VORWORT

Im Jahr 2017 hat das Lippische Landesmuseum eine kleine Sammlung schwarzafrikanischer Objekte als Schenkung übernommen. Der Sammler Karl-Josef Scheideler hatte diese im Rahmen seiner Tätigkeiten im diplomatischen Dienst der Bundesrepublik Deutschland in den 1960er und 1970er Jahren zusammengetragen und sie als Ausschmückung und Erinnerungsstücke in seinen jeweiligen Wohnungen drapiert. Als er einen kleineren Alterswohnsitz bezog, suchte er eine neue Bleibe für die Objekte in seiner Nähe, und nahm Kontakt zum Lippischen Landesmuseum auf, welches über eine einschlägige ethnologische Sammlung verfügt.

In Zeiten, in denen die Provenienzforschung von Museen verstärkt als wichtige Aufgabe begriffen wird, bedarf die Übernahme einer solchen Sammlung einer Erklärung: Einerseits konnte schon bei den ersten Begutachtungen der Sammlung abgeschätzt werden, dass es sich bei den Stücken im Wesentlichen um rezente Objekte handelt, die gemeinhin der sogenannten Tourist Art zugerechnet werden können. Ein unrechtmäßiger Erwerb in den Ursprungsländern war offensichtlich auszuschließen. Andererseits bildet die Sammlung Scheideler eine wichtige Ergänzung für die bereits vorhandenen Bestände des Lippischen Landesmuseums. Dessen ethnologischen Sammlungen setzen sich zu einem Großteil aus Sammlungskonvoluten von Diplomaten, Kaufleuten und Forschern mit einem persönlichen Bezug zum Land Lippe zusammen. Hierbei handelt es sich um Personen aus der gesellschaftlichen Oberschicht, die nach bestimmten Kriterien sammelten. Mit der Sammlung Scheideler hat nun ein Konvolut den Weg ins Lippische Landesmuseum gefunden, welches von einem Mitarbeiter aus dem mittleren diplomatischen Dienst insbesondere aus individuellen ästhetischen Gründen zusammengetragen worden ist.

Dass die Sammlung Scheideler schon wenige Jahre nach der Übernahme umfassend vorgelegt und in einen breiteren Forschungsdiskurs eingeführt werden kann, verdanken wir Paul Duschner, der sie im Rahmen einer Masterarbeit an der Universität Paderborn unter der Betreuung von Eva-Maria Seng eingehend wissenschaftlich untersucht hat.

Michael Zelle
Detmold, November 2020

DANKSAGUNG

Der vorliegende Band basiert auf meiner 2018 eingereichten Abschlussarbeit zur Erlangung des akademischen Grads eines Master of Arts im Fach Kulturerbe an der Universität Paderborn. Mein herzlicher Dank gilt der Inhaberin des dortigen Lehrstuhls für Materielles und Immaterielles Kulturerbe, Frau Prof. Dr. Prof. hc. mult. (HAUST, LIT) Eva-Maria Seng für die Betreuung der Arbeit, dem Zweitkorrektur Herrn Prof. Dr. Frank Göttmann sowie dem Direktor des Lippischen Landesmuseums, Herrn Dr. Michael Zelle. Er hat die Entstehung der Arbeit ermöglicht, begleitet und die Veröffentlichung organisiert. Die am Lippischen Landesmuseum erlebte Gastfreundschaft wird mir stets in Erinnerung bleiben.

Meine besondere Dankbarkeit gilt auch dem Sammler, Herrn Karl-Josef Scheideler, der sich die Zeit genommen hat, aus seinem Leben und der Geschichte seiner Sammlung zu berichten. Ihn kennenzulernen, war mir eine große Freude. Eine gute Lesbarkeit des Textes ist auch der Verdienst der angehenden Mediävistin Jana Niemeyer. Verbliebene Fehler aller Art sind stets meine eigenen. In keinem Falle unerwähnt bleiben darf meine Familie im bayerischen Pfaffenhofen a. d. Ilm, die mich während des Studiums nicht nur ideell, sondern auch finanziell maßgeblich unterstützt hat: mein Vater Bernd Duschner, meine Mutter Erna Röhrl-Duschner und meine Geschwister Lilli und Benjamin. Ihnen und Jana Niemeyer ist das Buch gewidmet.

EINE NEUE AFRIKASAMMLUNG FÜR DAS LIPPISCHE LANDESMUSEUM

Abb. 1: Karl-Josef Scheideler (1936–2020). Mitarbeiter des *Auswärtigen Amts,* Sammler und Stifter afrikanischer Masken, Skulpturen und Jagdtrophäen für das *Lippische Landesmuseum.*

Obgleich das *Lippische Landesmuseum* in Detmold im Jahre 1835 als naturkundliche Lehrsammlung gegründet wurde, hielten ethnographische Objekte bereits unter seinem ersten Leiter Dr. Carl Weerth (1812–1889) Einzug. Charakteristisch für das Wachstum der Bestände war der Verzicht auf eine systematische Sammeltätigkeit, „obwohl es", in den Worten des ehemaligen Direktors Rainer Springhorn, „zur Komplettierung einiger Sammlungskomplexe sinnvoll gewesen wäre".[1] Die meisten Objekte wurden von Privatpersonen gestiftet, die im Laufe des 19. und frühen 20. Jh. die Welt als Diplomaten, Geographen und Geschäftsleute bereisten, darunter namhafte Persönlichkeiten wie Friedrich Rosen (1856–1935), seinerzeit Außenminister der Weimarer Republik.[2]

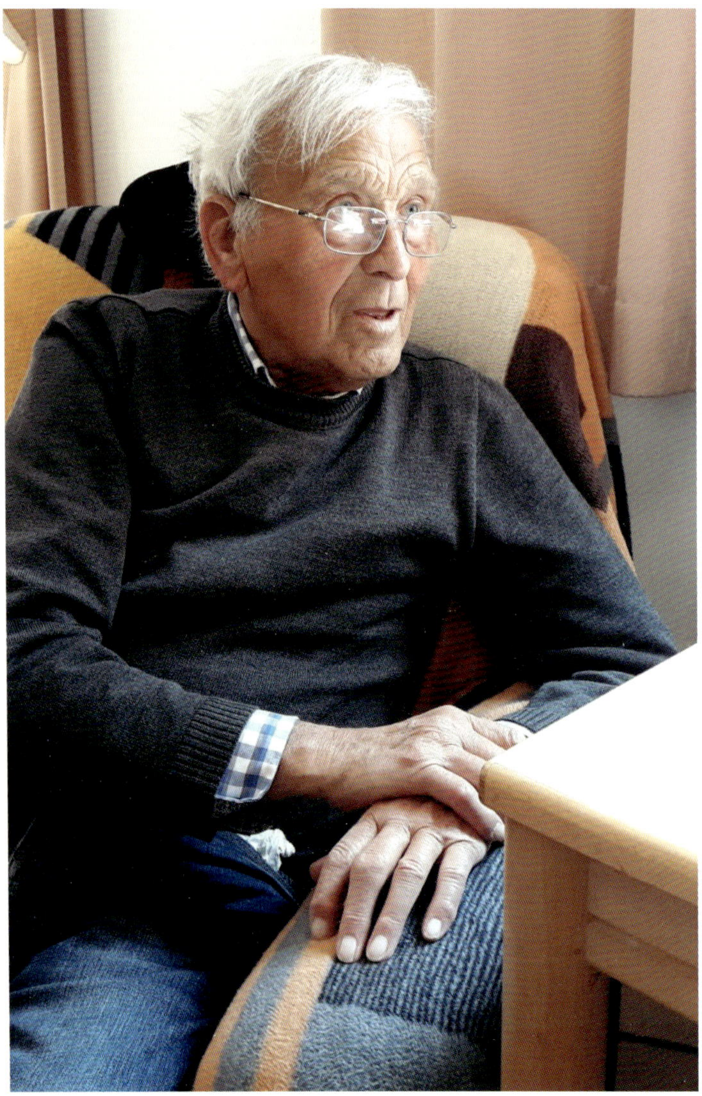

Im Jahre 2017 konnte sich das Museum über die großzügige Schenkung einer weiteren Afrikasammlung freuen. Ihr Stifter, Karl-Josef Scheideler (1936–2020), genoss zuletzt seinen Ruhestand in einem Warburger Seniorenwohnheim. Die Wände seines Wohnzimmers waren mit Bildern afrikanischer Landschaften und mit zwei großen Landkarten geschmückt. Die erste zeigt die Staaten Afrikas, die zweite ist eine Weltkarte, auf der jede vom Sammler besuchte Region mit einem Klebepunkt markiert ist: Sie finden sich auf nahezu allen Erdteilen (Abb. 1).

Bereits während seiner Jugend in der frühen Nachkriegszeit reiste Scheideler mit dem Rucksack durch Europa. Später wurde ihm die Ferne zum Beruf. Nach einer kaufmännischen Lehre war er Beamter beim Bundesgrenzschutz und wechselte von dort in den Mittleren Dienst des Auswärtigen Amts. Zwischen 1966 und 1981 arbeitete er für jeweils einige Jahre an den deutschen Botschaften und Konsulaten in Mauretanien, Nigeria, Kamerun und Gabun. Seine freie Zeit nutzte er zur

Jagd und für umfangreiche Reisen, die ihn weit über die jeweiligen Landesgrenzen hinausführen konnten. Gerne wäre er länger in Afrika geblieben, doch stellte sich bei einer medizinischen Untersuchung in Deutschland heraus, dass er, ohne es zu bemerken, eine Gelbsucht überstanden hatte. Die Rückkehr in eine tropische Gegend galt damit als ausgeschlossen, so dass Scheideler nun in Bonn und dem kanadischen Vancouver eingesetzt wurde. Kurz vor der Verlegung des Auswärtigen Amts nach Berlin ging er in Pension und wohnte fortan in Warburg. In seinem Haus hatte er ein „Afrikazimmer" eingerichtet oder, wie er es auch nannte, sein „kleines Afrikamuseum": einen Raum, in dem er die mitgebrachten Erinnerungsstücke für sich und den Freundes- und Verwandtenkreis ausstellte.
Darunter befanden sich die zehn Masken und fünf Skulpturen aus Holz und Messing sowie einige Jagdtrophäen, die im Jahre 2017 in die ethnographischen Bestände des *Lippischen Landesmuseums* übergegangen sind. Diese in den 1960/70er Jahren entstandenen Stücke werden im Folgenden beschrieben und kulturgeschichtlich eingeordnet. Alle Informationen über den Werdegang von Scheideler und das Zustandekommen seiner Sammlung verdanken wir ihm selbst, da er den Autor freundlicherweise zu zwei mehrstündigen Gesprächen eingeladen hatte.
Jede der Masken und Skulpturen wird in einem der folgenden Kapitel besprochen. Wo sie dem Sammler nach immerhin vier Jahrzehnten im Gedächtnis geblieben sind, finden sich Ort und Umstände des Erwerbs sowie etwaige Erinnerungen, die er bis zu seinem Tod mit ihnen verband. Eine Rekonstruktion der individuellen Objektbiographien ist über diesen Zeitpunkt hinaus leider in keinem Falle möglich. Bekannt ist nur, dass nahezu alle Stücke ihren Weg in den afrikanischen Kunst- und Souvenirhandel gefunden haben. Leitfrage für ihre kulturgeschichtliche Einordnung soll daher sein, warum es sich um typische Objekte der 1960/70er Jahre handelt. Von besonderer Bedeutung ist hierbei, für welche Art von Kundschaft sie hergestellt wurden. Die von Scheideler erworbenen Masken und Skulpturen lassen sich nämlich in zwei Kategorien einteilen:

1. Objekte, die für den Gebrauch im Rahmen indigener religiöser Riten angefertigt wurden und erst später unter nicht mehr zu klärenden Umständen in den Handel gelangten.
2. Objekte, die zwar stilistisch und ikonographisch an solche aus der ersten Kategorie angelehnt sind, aber nie für eine entsprechende Nutzung vorgesehen waren. Sie wurden gezielt für den Verkauf an ausländische Abnehmer wie Scheideler hergestellt und verdanken diesen ihre Existenz.

Zwar darf man sich die Grenze zwischen beiden Kategorien nicht undurchlässig vorstellen.[3] Doch erfolgte die Herstellung mit Blick auf völlig unterschiedliche Zielgruppen, deren jeweils eigene Verwendungszwecke, Vorlieben und Erwartungen es zu bedienen galt. Welche Auswirkungen das auf die Gestaltung der Objekte haben konnte, war zu Zeiten von Karl-Josef Scheidelers Aufenthalt in Afrika bereits Gegenstand wissenschaftlicher Untersuchungen. Gestützt auf deren Ergebnisse, die im ersten Teil dieses Bandes zusammengefasst werden, erfolgt zuerst die Besprechung der fünf Skulpturen.
Diese wurden mit großer Sicherheit wie die überwiegende Mehrheit der zeitgenössischen Erzeugnisse[4] für eine ausländische Käuferschaft hergestellt. Aus unterschiedlichen Ländern und Verkaufskontexten stammend, bieten sie uns wertvolle Beispiele für die Gestaltung solcher Stücke in den 1960/70er Jahren: Sie lassen sich bekannten, teils sehr alten Vorbildern aus sakralen und höfischen Kontexten zuordnen, reproduzieren deren Erscheinung aber nicht vollständig, sondern passen sie den Bedürfnissen und Geschmäckern ihrer westlichen Zielgruppe an. Die Erörterung der Masken beginnt mit einigen

allgemeinen Ausführungen zur Gestaltung und Verwendung im Rahmen indigener religiöser Riten sowie zur westlichen Sammeltätigkeit im 20. Jh. Davon ausgehend werden die zehn Exemplare aus der Sammlung Scheideler entweder einzeln oder im Paar besprochen. Bei einigen haben wir es mit Objekten zu tun, die wie die fünf Skulpturen für den Verkauf an ausländische Abnehmer hergestellt wurden. Bei anderen ist von einer tatsächlich erfolgten Nutzung im Rahmen zeitgenössischer Maskentänze auszugehen. An ihnen lässt sich gut erkennen, wie derartige Stücke aus den 1960/70er Jahren aussehen können, wenn keine westliche Käuferschaft bedient werden sollte.

Anmerkungen:

1 Springhorn 1995, S. 36.

2 Siehe hierzu Springhorn 1995 und Eckstein 2001.

3 Der Kunsthistoriker Frank Willett spricht von fließenden Übergängen und der Ansiedlung beider Kategorien auf einem viel breiteren Spektrum. An dessen einem Ende fänden sich Objekte „made by an African for use by his own people and so used“ und am anderen „works made by an expatriate, i.e. a non-African, for sale to other non-Africans but passed off as being African." Dazwischen sieht er die Objekte, die von indigenen Herstellern nach Vorbild der rituell genutzten Masken und Skulpturen angefertigt wurden, aber ohne dass man sie selbst für eine entsprechende Nutzung vorgesehen hätte. Dass diese dennoch, zumindest in Einzelfällen, erfolgen konnte, sieht Willett als Beleg der Unmöglichkeit einer allzu scharfen Abtrennung. Willett 1976, S. 8.

4 So hat Sidney Littlefield Kasfir festgestellt: „(I)t is trade – the global market – that has absorbed most postcolonial art production. For every piece of sculpture produced by the typical kin-based workshop for a local clientele, several more are made for export." Kasfir 1999, S. 103.

MASKEN UND SKULPTUREN ALS SOUVENIRSTÜCKE: FUNKTION, GESTALTUNG, VERBREITUNG

Bei den meisten Objekten aus der Sammlung Scheideler handelt es sich um solche, die gezielt für den Verkauf an ausländische Abnehmer hergestellt wurden. Eine Verwendung im Rahmen indigener religiöser Riten haben sie nie erfahren, noch waren sie dafür vorgesehen. In der Wissenschaft werden ihresgleichen als „Souvenirkunst", „Touristenkunst" oder „Airport Art" bezeichnet. Während die für den Verkauf an Ausländer hergestellten Objekte von manch westlichem Wissenschaftler und Kurator noch bis in die jüngste Zeit hinein als „unauthentisch" und als nicht museumswürdig zurückgewiesen wurden[5], betrachteten andere sie bereits als ein kulturelles Phänomen im eigenen Rechte, das es zu studieren galt.[6] Ihnen verdanken wir die folgenden, zum Verständnis der Sammlung Scheideler wichtigen Erkenntnisse.

Bereits zu Kolonialzeiten hatten fliegende Händler die europäischen Kolonialbeamten, Soldaten, Geschäftsleute und Missionare mit eigens für sie hergestellten Stücken versorgt. Gänzlich neue Ausmaße erreichten Produktion und Vertrieb nach dem Zweiten Weltkrieg, denn mit dem aufkommenden Massentourismus[7] war eine neue, besonders kaufkräftige Kundschaft auf den Plan getreten.[8] Zu Zeiten, als sich Scheideler in Afrika aufgehalten hat, waren Masken und Skulpturen deshalb bereits zu einer Massenware geworden, überall dort angeboten, wo man auf zahlungskräftige Ausländer stoßen konnte. Ihre Hersteller waren häufig in den großen Städten ansässig und arbeiteten als selbstständige Unternehmer und deren Lohnarbeiter. Manche hatten Zusammenschlüsse gebildet und unterhielten gemeinsame Boutiquen, die sogar in den Genuss staatlicher Förderungen kommen konnten. Andere Werkstätten waren Museen angegliedert, um die Besucher direkt mit Kopien der Exponate zu versorgen. Wo der Verkauf nicht von den Produzenten selbst übernommen wurde, kamen spezialisierte Händler ins Spiel. Am oberen Ende des Spektrums standen europäisch-stämmige Galeristen, die sich um die teuren Hotels niedergelassen hatten und sich mit einem edlen Ambiente um hohe Preise bemühten. Am unteren Ende wirkten die mobilen Straßenhändler (Abb. 2–3). Diese gehörten in West- und Zentralafrika meist der muslimischen Volksgruppe der Hausa an[9] und konnten ihre Waren über große Strecken vom Herstellungs- zum Verkaufsort transportieren.[10]

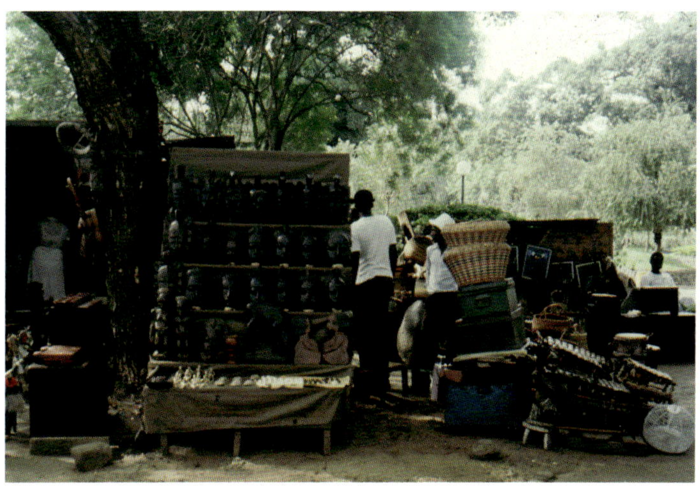

Abb. 2: Verkaufsstand eines Straßenhändlers mit Airport Art, Abidjan, Cote d'Ivoire 1994.

Auch dank des Internets sind afrikanisch anmutende Masken und Skulpturen heute für jedermann schnell verfügbar. Als sich Karl-Josef Scheideler in Mauretanien, Nigeria, Kamerun und Gabun aufgehalten

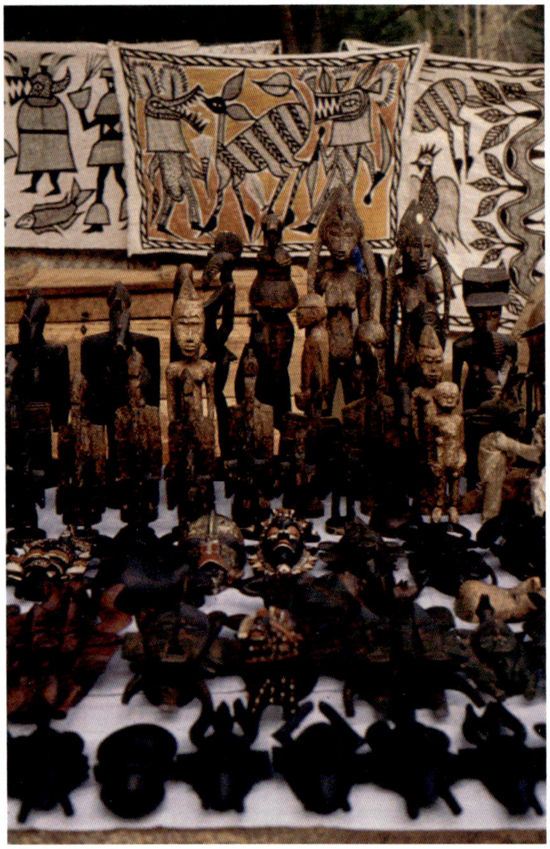

Abb. 3: Skulpturen und Masken für ausländische Käufer, Bamako, Mali 2008.

hat, war dies aber noch nicht der Fall. Die dort angebotenen Stücke mussten dem potentiellen Käufer zwar zuerst wie eine billig zu erwerbende Massenware erscheinen, eine Erfahrung, von der auch Scheideler berichtet. Doch spätestens dann, wenn der westliche Reisende mit einigen Exemplaren in die Heimat zurückgekehrt war, wurden sie zu Unikaten, die weit mehr leisteten, als weiße Wände und Vitrinen zu füllen: Als Souvenirstücke bereicherten sie den Alltag ihrer Besitzer durch einen Hauch von Eleganz und Exotik. Sie waren ein Stück Kunst um ihrer selbst willen und dienten als Gedächtnisstützen,[11] mit deren Hilfe die fernen Länder zumindest im Geiste immer wieder aufgesucht werden konnten. So tat es auch Scheideler, nachdem er 1981 Afrika den Rücken hatte kehren müssen. Im Gespräch erklärt er: „Ich hatte da oben in meinem Afrikazimmer immer ein Buch in der Hand, habe Musik aufgelegt und hab dann zwischendurch in Erinnerung geschwelgt.“ (Abb. 4)

Hinzu kommt eine repräsentative Funktion, die entsprechende Objekte zumindest vor der Zeit ihrer allzu leichten Verfügbarkeit erfüllen konnten. Dort ausgestellt, wo sie von Bekannten und Verwandten stets wahrgenommen wurden, dienten Souvenirstücke als Belege für die Absolvierung prestigeträchtiger Reisen. Sie stellten eine Einladung dar, nach dem Erlebten zu fragen und den Geschichten mit gebührendem Interesse zu lauschen. „Das hat die Leute eine Viertel- bis eine halbe Stunde“, so Scheideler, „auch aus meinem deutschen Freundeskreis aus früheren Zeiten interessiert.“

Die Funktion des Repräsentations- und Konversationsstücks konnten allerdings nur Gegenstände leisten, die nach Art, Material und Gestaltung den gängigen Vorstellungen oder gar Vorurteilen von der Region entsprachen, auf die sie zu verweisen hatten. Im Falle Afrikas mussten Souvenirs daher in Handarbeit hergestellte Objekte sein, die von den Besuchern als typisch für die dortigen Kulturen empfunden wurden: Neben Speeren und Schilden der Massai, von denen sich in der hier besprochenen Sammlung allerdings keine Beispiele finden, waren dies v. a. Masken und Skulpturen aus Holz und Metall. Ihre enge Assoziation mit Afrika wäre ohne die Sammel- und Ausstellungstätigkeit früherer Ethnologen und Kunstliebhaber nicht denkbar gewesen. Erst durch sie haben derartige Objekte Einzug in die westlichen Museen, Bildbände und Zeitschriften gehalten, in denen sie bis heute als die wichtigsten Beispiele für Afrikas materielle Kultur und Kunst präsentiert werden.[12] Was ihnen ähnlich war, konnte fortan an der heimischen Wohnzimmerwand oder im Büro als schön empfunden werden und zielsicher auf das Erleben dieses Kontinents verweisen.[13]

Nicht nur die einzelnen Objekte, um die es im Folgenden gehen soll, können daher als typisch für die Zeit ihrer Entstehung angesehen werden, sondern auch die Art ihrer Ausstellung durch Scheideler. So schreibt Hermann Pollig über die Verwendung von „Airport Art“ in den 1980er Jahren, als diese noch über einen hohen Prestigegehalt[14] verfügte:

> „In vielen Wohnungen wird sie als Identifikationsobjekt, als Bestandteil der persönlichen Inszenierung liebevoll in das Wohnungsensemble eingeordnet. Ihr Nippes-Charakter animiert geradezu, sie wirkungsvoll ins Bild zu

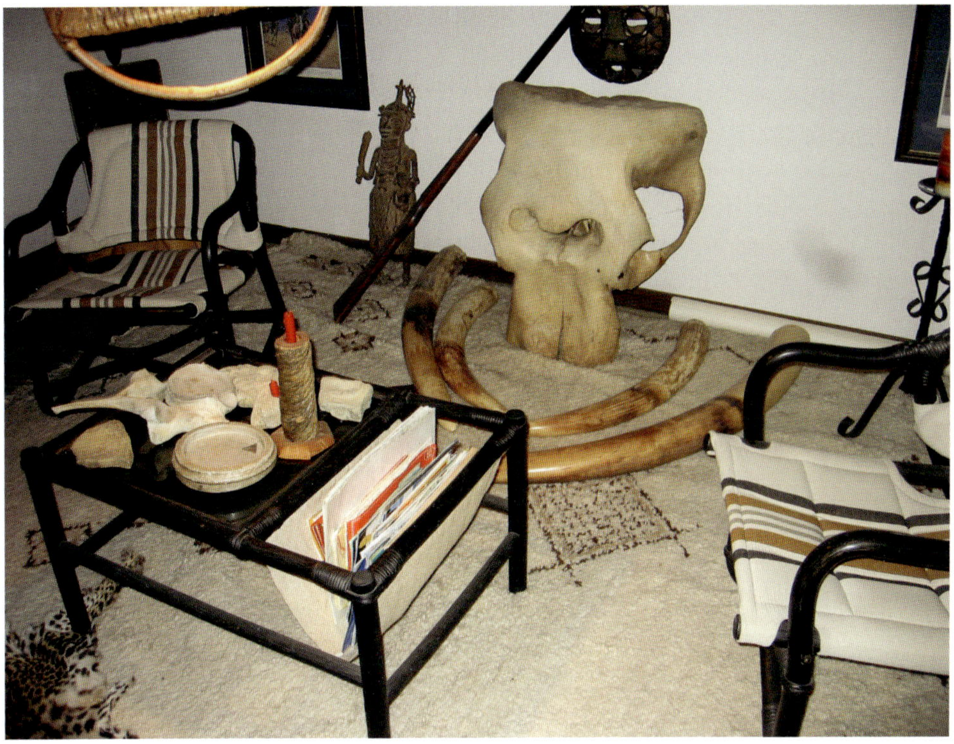

Abb. 4: Ein Blick in das ehemalige Afrikazimmer von Karl-Josef Scheideler: Inszenierung der Oba-Statuette und Souvenirmaske mit Elefantenknochen und Gewehr.

> setzen. (…) Das unübersehbare, demonstrative Vorzeigen dieser Objekte in der Individualsphäre oder auch am Arbeitsplatz will nichts anderes ausdrücken als: Seht her, ich war in Indien, Afrika, Asien".[15]

Die Freunde von Scheideler, die er in sein „kleines Afrikamuseum" führte, mögen tatsächlich ein wenig Neid empfunden haben. „Ich habe das Gefühl gehabt, manche hätten sich gewünscht, dass ich ihnen eine Maske geschenkt hätte", so der Sammler: „Das habe ich aber nicht gemacht."

In den 1960/70er Jahren wurden afrikanische Masken und Skulpturen bereits von genügend Menschen in den Städten West- und Zentralafrikas nachgefragt, dass ihr Bedarf nicht mehr allein durch den Verkauf alter Ritualobjekte hätte befriedigt werden können.[16] Die für den Verkauf an ausländische Abnehmer hergestellten Exemplare können sich deutlich von solchen unterscheiden, die zur selben Zeit im Rahmen indigener religiöser Riten verwendet wurden. Der erfolgreiche Hersteller von Souvenirstücken musste sich nämlich an Vorbildern orientieren, die seiner Kundschaft aus Museen, Bildbänden und Zeitschriften bekannt waren. Deren Nutzung im Rahmen indigener Kontexte konnte in den 1960/70er Jahren aber schon um Jahrzehnte oder gar Jahrhunderte zurückliegen. „Vorlage für Touristenkunst", so Ingrid Thurner, „sind nicht jene Masken und Figuren, die heute in Afrika in Verwendung sind. Vorlage ist die traditionelle Kunst, wie sie um die Jahrhundertwende bis in die Kolonialzeit bestand." [17] Überhaupt zeichneten sich die westlichen Käufer durch eine Vorliebe für Antiquitäten aus. Sie wünschten sich Objekte, von denen sie glauben konnten, ihre Herstellung sei noch gänzlich frei von kommerziellen Motiven erfolgt und ohne die Einflüsse der industriellen Moderne. Dementsprechend lernten Hersteller und Händler ihre Waren mit künstlich erzeugten Spuren des Alters und der Abnutzung zu versehen, eine Praxis, die sich laut William Bascom seit Mitte der 1950er Jahre etablierte.[18]

Die Feldforscher Doran Ross und Raphael Reichert, die sich zur selben Zeit wie Karl-Josef Scheideler in Afrika aufhielten, beschreiben Werdegang, Methoden und Erfolg eines Schnitzers aus Ghana, der seine Werkstatt auf die Herstellung derartiger „Antiquitäten" spezialisiert hatte. Zu den beobachteten Methoden der künstlichen Alterung gehörten das Schnitzen mit lange getrockneten Hölzern, die Bearbeitung der Oberflächen mit natürlichen und chemischen Substanzen, ihre Abnutzung durch langes Reiben, bewusste Beschädigung und die Anbringung vermeintlicher Restaurierungen.[19] Für die kulturgeschichtliche Einordnung der Objekte aus der Sammlung Scheideler sind derartige Beobachtungen von großer Bedeutung: Nicht alles, was alt aussieht, muss es zum Zeitpunkt des Kaufes schon gewesen sein!

Neben der Orientierung an bekannten Antiquitäten und der Anbringung vermeintlicher Alters- und Gebrauchsspuren hat man eine Reihe weiterer gestalterischer Tendenzen beobachtet, die sich mit den Erwartungen und Vorlieben der ausländischen Kundschaft erklären lassen. So spricht William Bascom von einem Trend hin zu zunehmend naturalistisch wirkenden Darstellungen und von einem Trend zum Grotesken, letzterer im Einklang mit der westlichen Vorstellung vom wilden afrikanischen Kontinent. Hinzu kommt eine dritte, für uns besonders wichtige Tendenz: die zu gigantischen Formen. Den Herstellern der Souvenirstücke wurde nämlich bewusst, dass je größer ein Objekt war, desto mehr war ein Europäer bereit dafür zu zahlen und umso eher sah er darin eine besondere künstlerische Leistung. Manche der seinerzeit verkauften Stücke sind nach Einschätzung Bascoms sogar so groß geraten, dass sie im Rahmen ihrer ursprünglichen Kontexte überhaupt keine Verwendung mehr hätten finden können.[20] Wie wir sehen werden, bietet die mannshohe Holzstatue aus der Sammlung Scheideler ebenso wie einige der Masken hierfür ein gutes Beispiel.

Andere Autoren haben Bascoms Beobachtungen durch eigene Feldforschung bestätigt und ergänzt, so etwa Harry Silver bei seinem Studium eines Schnitzerdorfes in Ghana[21] oder Ingrid Thurner an der Elfenbeinküste. Dort konnte die Ethnologin beispielsweise beobachten, dass die Hersteller von Messingskulpturen wie jenen aus der Sammlung Scheideler ihre Werke mit besonders dicken Wänden versahen und die Gusskerne nicht entfernten. Was schwer wog, galt dem Europäer nämlich als wertvoll.[22] So scheint Thurners Urteil nicht übertrieben, wenn sie zu dem Ergebnis kommt: „Afrikanische Souvenirkunst ist ebensosehr westlich wie afrikanisch."[23]

Eine oft gelesene Behauptung über afrikanische Souvenirstücke lautet, sie seien trotz der einen oder anderen erfreulichen Ausnahme von minderer Qualität. So urteilte der prominente Ethnologe Hans Himmelheber besonders entschlossen über „neunundneunzig von hundert Schnitzwerken, die da in Lagos, Accra, Abidjan und Dakar vor den Hotels feilgehalten werden", sie seien „künstlerisch wertlos" und „belanglose Stümpereien". William Bascom spricht von „shoddy workmanship" und Ingrid Thurner hält „die Werke der Souvenirkunst (für) weniger sorgfältig und genau ausgeführt". Als Grund gilt die Herstellung für den Markt: Um der gewaltigen Nachfrage gerecht zu werden, würde nur wenig Zeit und Mühe in die individuellen Stücke investiert. Eine höhere Qualität sei ohnehin nicht nötig, da laut Himmelheber „der weiße Matrose oder auch der Diplomat zumeist nicht beurteilen können, was der Unterschied zwischen echter Negerkunst und ihren Machwerken ist."[24]

Anhand der Objekte aus der Sammlung Scheideler lassen sich derartige Einschätzungen allerdings nicht bestätigen, denn die zur Verwendung bei rituellen Maskentänzen angefertigten Stücke weisen keine bessere oder schlechtere Qualität auf als jene, die von Anfang an für den Verkauf an Ausländer designiert waren. Überhaupt muss gefragt werden, ob der Vorwurf der handwerklich und künstlerisch minderwertigen Souvenirs nicht zumindest teilweise Ergebnis eines methodischen Fehlers ist. Der ihm zugrundeliegende Vergleich wurde anscheinend nicht mit der breiten Masse der Masken und Skulpturen geführt, die zur selben Zeit für die Verwendung im Rahmen indigener Kontexte hergestellt wurde. Verglichen wird vielmehr mit den prominenten Museumsstücken, nach deren Vorbild die Gestaltung der Souvenirs erfolgt war. Bei diesen handelt es sich aber um eine von Sammlern und Kuratoren sorgfältig getroffene Auswahl der als ganz besonders hochwertig eingeschätzten Exemplare. Oft stammen diese „Meisterwerke“ aus elitären indigenen Kontexten und sind insofern weder repräsentativ für eine gesamte Kultur noch für das durchschnittliche Können oder die Sorgfalt ihrer Schnitzer und Gelbgießer. Ihnen gegenüber müssen alle aus weniger illustren Quellen stammenden und weniger akribisch aussortierten Objekte zwangsläufig als defizitär erscheinen, ob es sich bei diesen um Souvenirstücke handelt oder nicht.[25]

Als sich Wissenschaftler und Kuratoren in der ersten Hälfte des 20. Jhs. um die systematische Ordnung ihrer aus Afrika verbrachten Masken und Skulpturen bemühten, geschah dies nach den Kriterien der ethnischen und geographischen Zugehörigkeit. Die Objekte wurden nach „Stammesstilen“ und „Stilprovinzen“ sortiert und den bis dato bekannten oder konstruierten Völkerschaften zugeordnet.[26] Da man dachte, dass deren Kulturen bis in die jüngste Zeit statisch und in sich geschlossen geblieben waren,[27] trat eine genaue zeitliche Bestimmung der Objekte in den Hintergrund.[28] Diese Schwerpunktsetzung, die in einer Maske oder Skulptur in erster Linie das Zeugnis einer bestimmten Ethnie und nicht einer zeitlichen Epoche sieht, hat sich bis heute gehalten.[29] Dabei wurde ein besonders gewichtiges Problem dieser Herangehensweise bereits früh erkannt: Die von den Angehörigen einer Ethnie genutzten Masken und Skulpturen konnten auch einem „Stammesstil“ entsprechen, den man eigentlich einer anderen zugeordnet hatte. Objekte und ihre Formen erwiesen sich als höchst mobil und wandelbar![30]

Auch die Schnitzer und Gelbgießer der 1960/70er Jahre, die ihr Handwerk mit Blick auf eine ausländische Käuferschaft betrieben, suchten ihre Vorbilder und Motive nicht nur im eigenen Lande. So lesen wir in Mounts Monographie aus dem Jahre 1973: „Carving with modern European tools, craftsmen often copy works illustrated in books on African sculpture, sometimes reproducing objects that originated thousands of miles from their area.”[31] Auch der Feldforscher Harry Silver berichtet 1979 davon, dass Aschanti-Schnitzer in Ghana dazu übergegangen waren, Masken für den Verkauf herzustellen, „that have no ties, in either form or content, to traditional Ashanti art“. Ihre Formen würden die Schnitzer aber bewusst verzerren, und sie selbst hielten die so geschaffenen Werke nicht für ästhetisch. Silver berichtet sogar: „When asked to evaluate these, their own works, the carvers belittled them with nervous laughter and disgust. (…) No artist would admit to making these objects for any reason other than sheer financial gain.”[32]

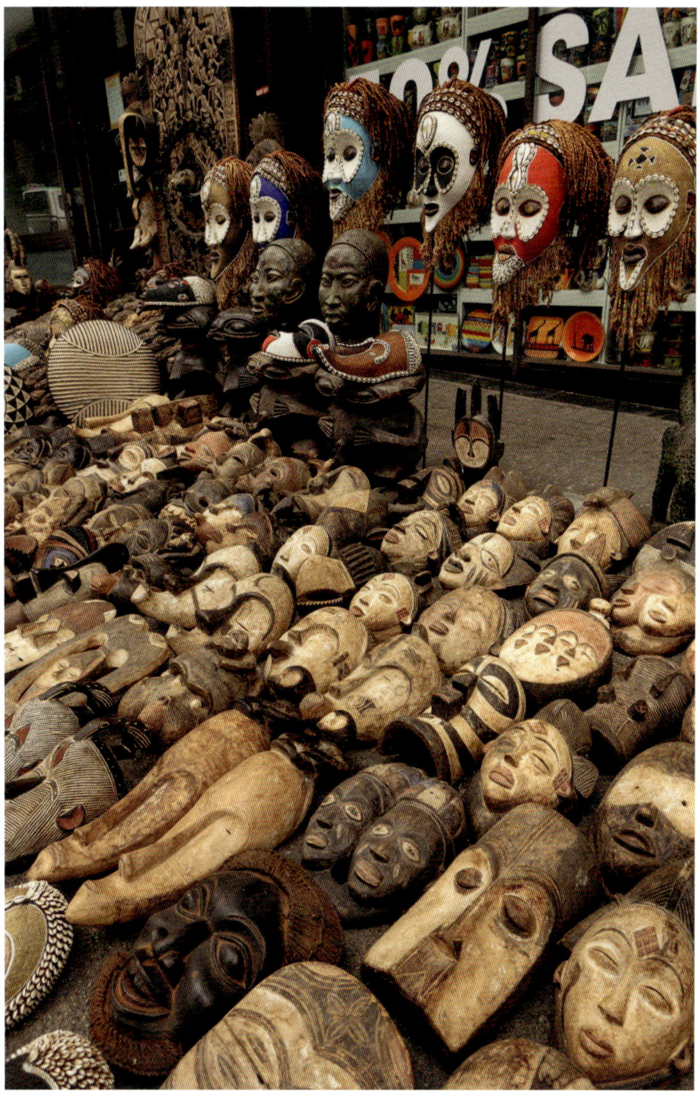

Abb. 5: Neue afrikanische Masken angeboten im März 2020 auf einem Touristenmarkt in Kapstadt, Südafrika. Ihnen entsprechen Vorbilder aus den verschiedensten Kulturen West-, Zentral- und Südafrikas.

Ähnlich mobil wie die Motive darf man sich die fertigen Produkte vorstellen. Nach eigenen Angaben hatte Scheideler viele seiner Stücke bei Händlern erworben, die er dem muslimischen Volk der Hausa zuordnet. Über sie lesen wir bei Mount:

„To sell their wares these men travel hundreds and even thousands of miles on foot, by bicycle and bus, and even by jet plane. If they are successful enough to afford an assistant it is usually a young boy, who carries the heavy sacks of goods."[33]

Diese Herauslösung der Objekte und ihrer Formen aus ihren ethnischen und geographischen Wurzeln muss bei der Betrachtung der Sammlung Scheideler berücksichtigt werden (Abb. 5). Einem Objekt mögen bekannte Vorbilder entsprechen, die in der wissenschaftlichen Literatur den „Igbo" oder „Fang" zugeordnet werden. Das bedeutet aber nicht, dass ihr Hersteller ein Angehöriger dieser Ethnien gewesen sein muss oder auch nur mit ihren Traditionen vertraut war. Eine einfache Abbildung hätte ihm genügen können, gepaart mit der Gewissheit, dass entsprechende Objekte von Ausländern gerne gekauft werden.[34]

Anmerkungen:

5 Als „authentisch" galten afrikanische Masken und Skulpturen, wenn sie vor ihrem Einzug in eine Sammlung im Rahmen indigener religiöser Riten genutzt worden waren. Nur dann wurden sie als ästhetisch, wertvoll und wissenschaftlich interessant angesehen. Sidney Littlefield Kasfir musste noch in den frühen 1990er Jahren bedauern: „(A) Dogon mask to which a recognized expert applies the epithet 'export piece' (d. h. 'Airport Art', der Verf.) is instantly transformed from an object of desire with a high market value to a piece of flotsam afloat in the postcolonial world. (...) A sculpture's worth (...) is left totally unexamined unless it first passes the authenticity test." Kasfir 1992, S. 45.

6 So rügte der Kunsthistoriker Frank Willett jene Kollegen, deren Interesse sich ausschließlich auf die für indigene Riten hergestellten Masken und Skulpturen richtete: „To refuse to recognize the phenomena of changing patronage for African artists as a subject worthy of study, as so many of my colleagues do, is to play at ostriches – the impact of the Western world is a fact of African life. No one interested in Africa can afford to ignore it." Willett 1976, S. 14.

7 So spricht Christiane Cantauw von „der Reisewelle der 1960er Jahre" im Zuge derer „die Fernreise als touristische Reise allmählich zu einem Massenprodukt" wurde. Cantauw 2001, S. 19.

8 Bascom 1976, S. 308.

9 Gemäß der Ethnologin Ingrid Thurner könnte ihre Dominanz im Kunst- und Souvenirhandel unter anderem damit erklärt werden, „daß die muslimischen Händler an jene Schnitzereien und Güsse, die sie nun an Ausländer verkaufen, keine Bindung haben, da die Masken und Figuren ihre Wurzeln eben in einer Kultur haben, die auch für sie eine fremde ist." Thurner 1997, S. 80.

10 Zum afrikanischen Kunst- und Souvenirmarkt zu Zeiten als sich Herr Scheideler in Afrika aufgehalten hat, siehe z. B. Crowley 1970, S. 43–45; Jules-Rosette 1986, S. 45–48; Mount 1973, S. 39–41.

11 Nicht umsonst ist unser Wort „Souvenir" von dem französischen Wort für „Erinnerung" abgeleitet.

12 Frank Willett nennt sie „(t)he greatest contribution Africa has made so far to the cultural heritage of mankind." Willett 2003, S. 26.

13 Zur Erinnerungs- und Repräsentationsfunktion von Souvenirstücken im 20. Jh. siehe Pollig 1987; Thurner 1994; Thurner 1995 und speziell mit Blick auf Afrika: Thurner 1995/6.

14 Durch die leichte Verfügbarkeit entsprechender Objekte in unserem heutigen digitalen Zeitalter sowie durch die Verbilligung des Reisens ist diese Repräsentationsfunktion des Souvenirs mittlerweile in den Hintergrund getreten. Wichtiger geworden ist die Funktion des persönlichen Erinnerungsstücks, die aber ebenso gut von alltäglichen Gegenständen erfüllt werden kann: einem unterwegs getragenen Kleidungsstück oder einem Schlüsselanhänger. Eigens dafür gekaufte und in Szene gesetzte Objekte, deren Gestaltung auf den bereisten Erdteil verweist, bedarf es dazu jedenfalls nicht. Siehe hierzu die Studie von Collins-Kreiner und Zins 2011.

15 Pollig 1987, S. 11.

16 Vgl. Willett 1976, v. a. S. 8.

17 Thurner 1995/6, S. 226.

18 Bascom 1976, S. 314–317.

19 Ross und Reichert 1983.

20 Bascom 1976, S. 313 f.

21 Silver 1979.

22 Thurner 1995/6, S. 230–232.

23 Thurner 1995/6, S. 246.

24 Bascom 1976, S. 312 f.; Himmelheber 1965, S. 117 f.; Thurner 1995/6, S. 230.

25 Zu Recht mahnt Frank Willett: „We can hardly write an adequate art history in the terms of masterpieces alone, for we need to study the whole range of artistic production in order to detect the outstanding achievements." Willett 2003, S. 144.

26 Siehe beispielsweise Himmelheber 1960b, S. 43–46.

27 So lesen wir in einem 1885 erschienen ethnologischem Standardwerk über die Tubu im südlichen Sudan: „Sie sind heute so reich und so arm, so weise und so unwissend wie vor Jahrtausenden. Sie haben, wie es scheint, nichts zu dem erworben, was sie vordem besaßen. Jedes Geschlecht hat dieselbe Geschichte wie das, welches ihm voranging, und dieses wiederholte die frühern. Sie haben nicht, wie man zu sagen pflegt, Fortschritte gemacht. (...) Ein Stück der vergangenen Zeit stehen sie vor uns." Raetzel 1885, S. 4. Noch in einem 1969 erschienen Aufsatz der Kunsthistoriker Roy Sieber und Arnold Rubin steht geschrieben, die afrikanische Kunst sei „conservative and conformist", „each generation reaffirmed its faiths by recreating its arts." Sieber und Rubin 1969, S. 25.

28 John Peffer verweist auf den Unterschied zum Umgang mit europäischen Kunstwerken. Da man dem eigenen Kontinent im Gegensatz zu Afrika eine historische Entwicklung bescheinigte, war hier die Entstehungszeit von zentraler Bedeutung. Bis heute gilt uns die „Mona Lisa" deshalb in erster Linie als ein Werk der Renaissance und nicht „der Florentiner" oder „aus Italien". Peffer 2003, v. a. S. 70–73.

29 Das belegen beispielsweise die Titel von Monographien aus der neuen Reihe „Visions of Africa": Sie bestehen schlicht aus den Namen einzelner Ethnien wie „Igbo", „Fang" oder „Yoruba" und lauten nicht etwa „Frühes 19. Jahrhundert", „Spätes 19. Jahrhundert" etc.

30 So lesen wir bei Himmelheber: „Nicht selten mischen sich zwei oder drei Stammesstile bei einem Volk." Himmelheber 1960b, S. 43. Ferner sind Ethnien wie „Igbo" oder „Fang" selbst keine zeitlosen Erscheinungen, sondern Konstrukte der kolonialen Wissenschaft und Verwaltung, der postkolonialen Staaten und ihrer Nationalismen. Peffer 2003, S. 72 f. Bis heute sind derartige Designationen nicht immer ein wichtiger Bestandteil des Selbstverständnisses der so Bezeichneten. Wie Louis Perrois in seinem Buch „Fang" klarstellt: „Note that the Fang call themselves by their clan and lineage names, most belonging to different subgroups. It is their neighbours and above all the Europeans who have given them the generic name of 'Fang'". Perrois 2006, S. 12.

31 Mount 1973, S. 44 f.

32 Silver 1979, S. 199 f.

33 Mount 1973, S. 40 f.

34 Ein ostafrikanisches Beispiel hierfür stellt die Herstellung von vermeintlichen Massai-Speeren, Massai-Masken und Massai-Schmuck in Handwerkskollektiven da, deren Angehörige keinesfalls derselben Ethnie entstammen müssen. Siehe hierzu Göltenboth 1987.

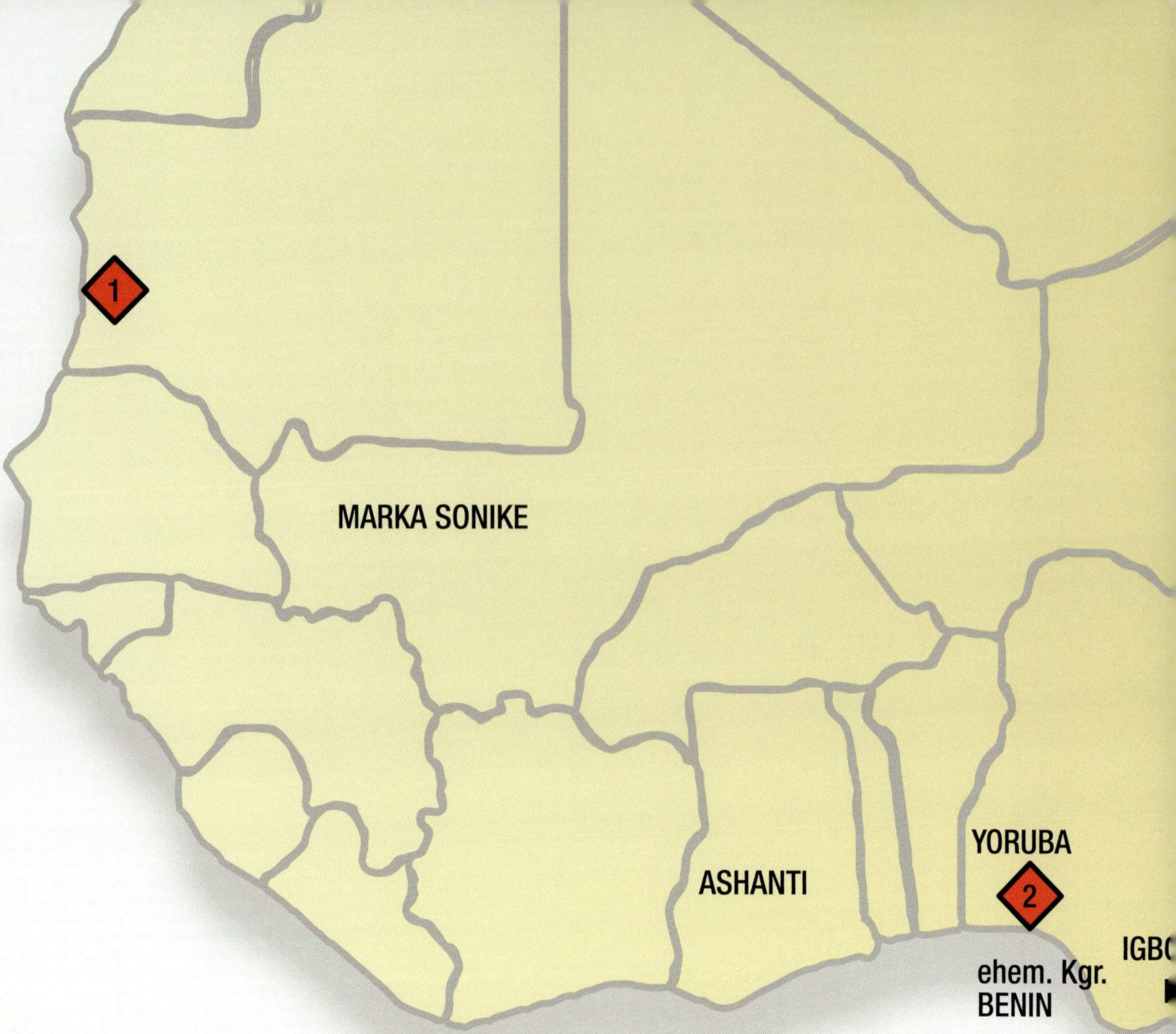

AFRIKA

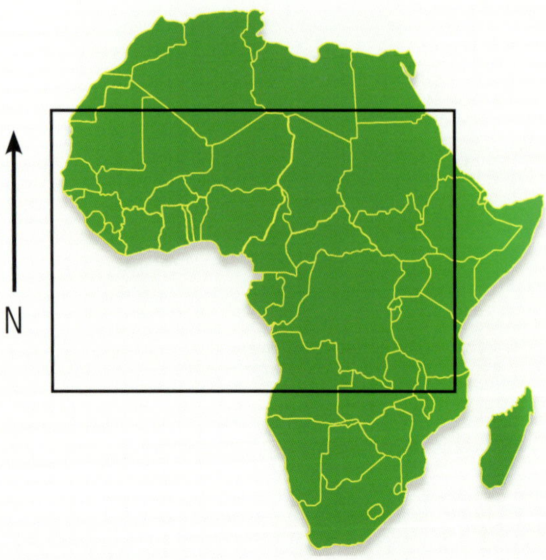

ERWERBUNGSORTE:

1 Nouakchott, Mauretanien
beide Igbo Masken (Kat.-Nr. 11–12)

2 Lagos, Nigeria
Benin-Bronzen (Kat.-Nr. 2–3)
Fakeye-Figuren (Kat.-Nr. 4–5)
Gelede Helmmaske (Kat.-Nr. 8)
Mfon Ekpo Masken (Kat.-Nr. 9–10)

3 Libreville, Gabun
Mannshohe Statue vom Leopardenkrieger (Kat.-Nr
N'tomo Maske (Kat.-Nr. 6)
Reich verzierte Souvenirmaske (Kat.-Nr. 7)
Ngil Maske (Kat.-Nr. 13)?
Ngontang Maske (Kat.-Nr. 14)
Pwevo Maske (Kat.-Nr. 15)?

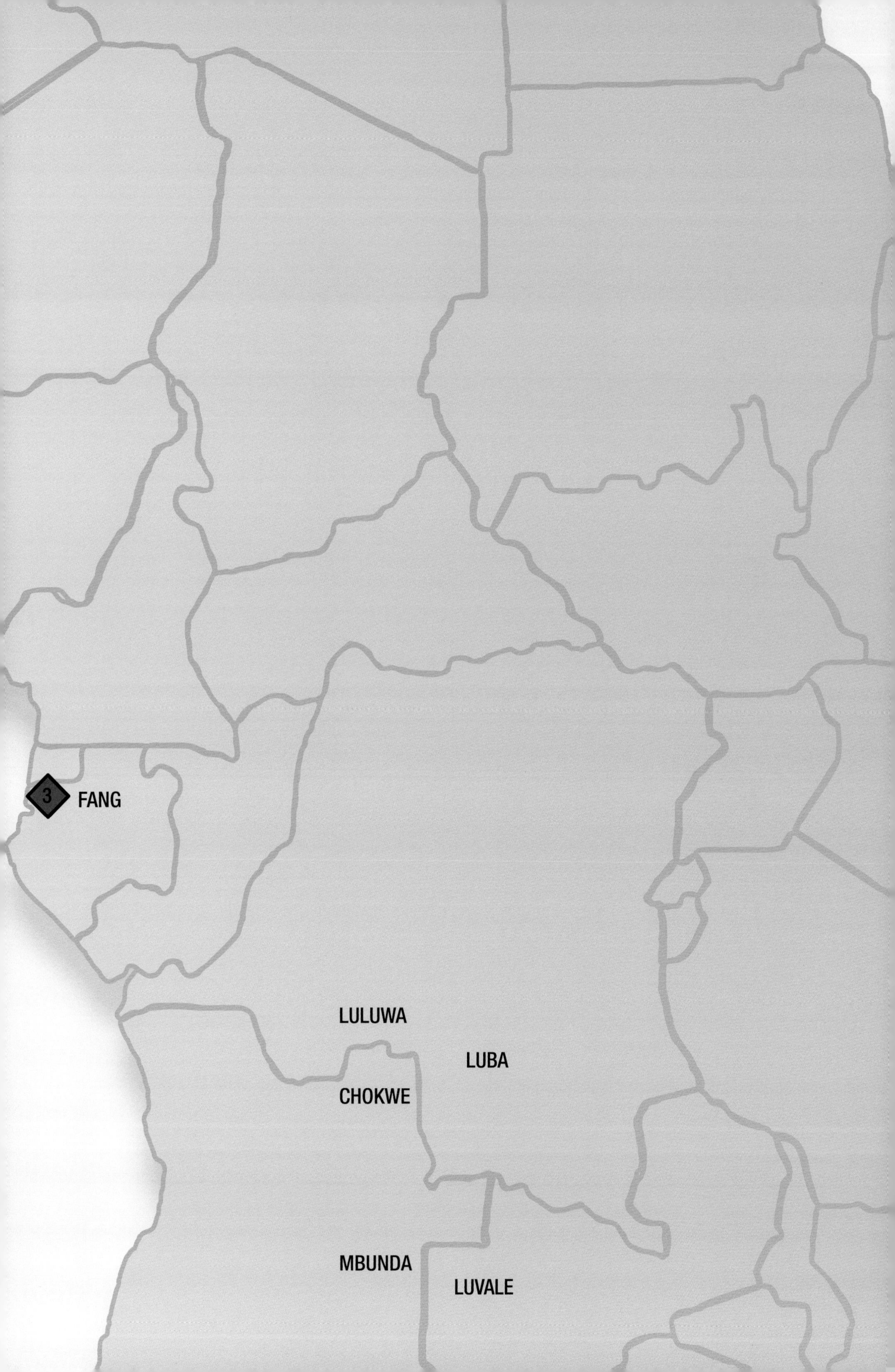
3
FANG
LULUWA
LUBA
CHOKWE
MBUNDA
LUVALE

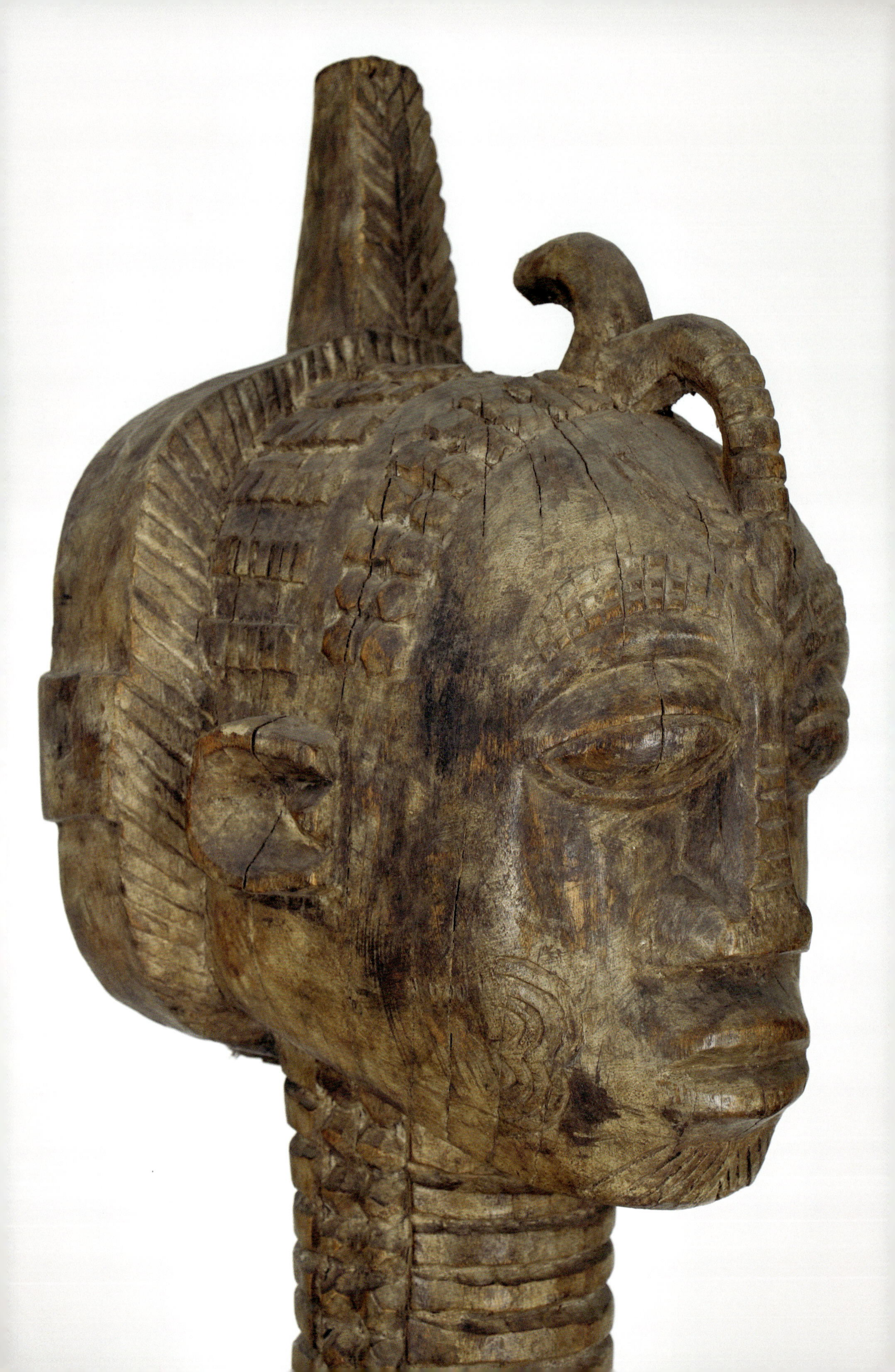

I. DIE SKULPTUREN AUS DER SAMMLUNG SCHEIDELER

Die Schenkung von Karl-Josef Scheideler an das *Lippische Landesmuseum* enthält fünf in Nigeria und Gabun erworbene Skulpturen von unterschiedlicher Größe und Machart. Wie bei der Gestaltung von Souvenirstücken üblich, haben sich ihre Hersteller an bekannten Vorbildern orientiert, die bereits Jahrzehnte oder gar Jahrhunderte zuvor in religiösen oder höfischen Kontexten verwendet wurden. Die stilistischen und ikonographischen Elemente, die die Skulpturen der Sammlung Scheideler von ihnen geerbt haben, sollten einst spezifische Botschaften über Menschen, Herrscher und Götter vermitteln. Sie werden im Folgenden zwar ausführlich erläutert, stellen jedoch nur einen Aspekt ihrer Erscheinung da und sind ferner ihrer einstigen Funktion beraubt. Schließlich handelt es sich um Objekte der 1960/70er Jahre, die nicht für die Bestückung indigener Schreine oder Herrscherhöfe angefertigt wurden, sondern für den Verkauf an ausländische Abnehmer. Welche Aspekte ihres Erscheinungsbilds sie der Anpassung an diese Käuferschaft verdanken, ist für ihre kulturgeschichtliche Einordnung deshalb von ebenso großem Belang.

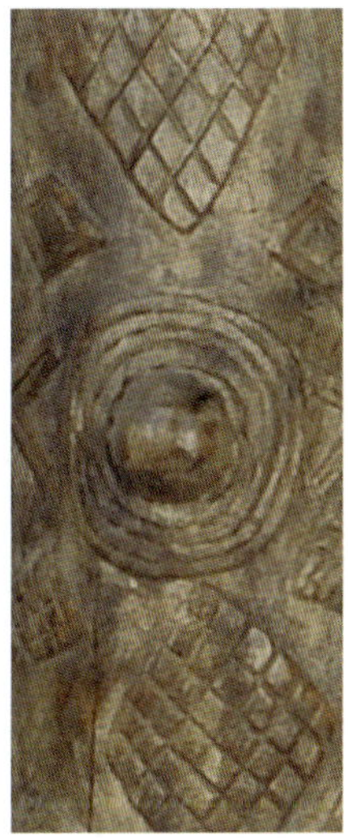

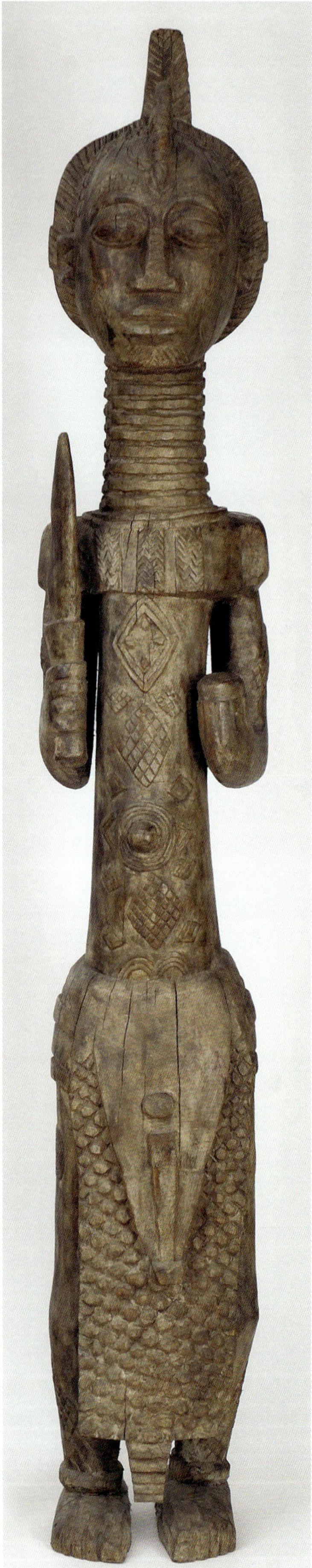

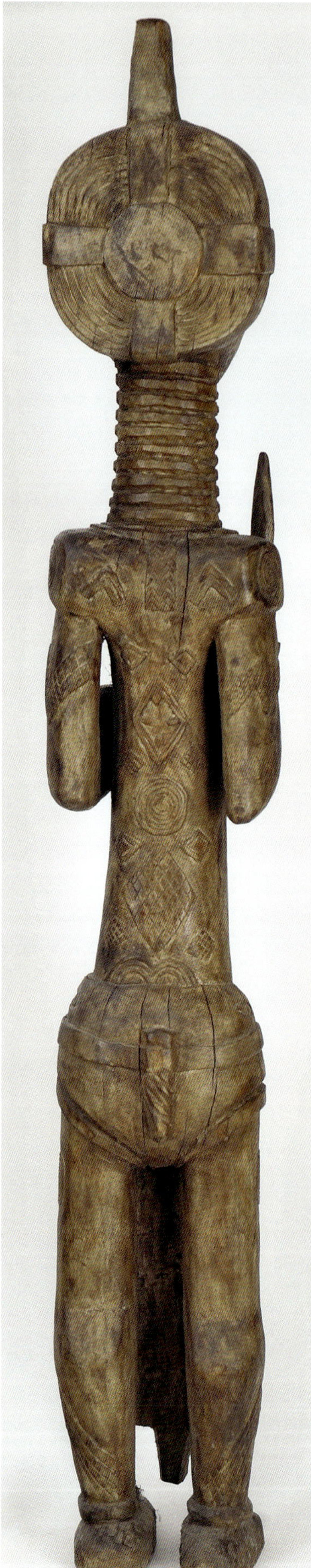

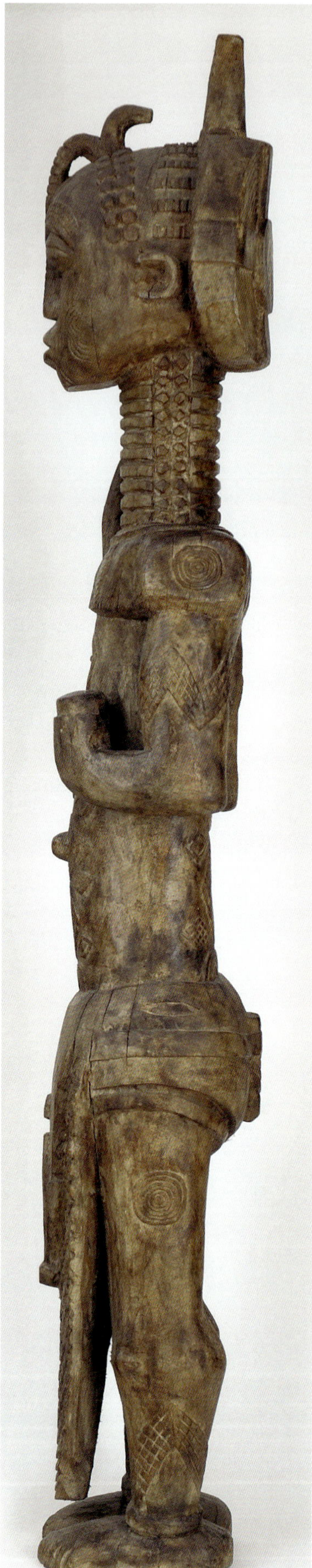

1. MANNSHOHE STATUE IM STIL EINES LEOPARDENHÄUPTLINGS DER LULUWA

Inv.-Nr.: V4768
Künstler: unbekannt
Material: Holz, künstlich patiniert
Maße: H. 1,92m, B. (Schultern) 29 cm, T. (Kopf) 31 cm
Zustand: gut, Holz mit Längsrissen
Erwerbsort: Libreville, Gabun
Datierung: 1960/70er Jahre
Publiziert: Duschner 2021, S. 280–283

Die fast 2 m hohe Holzstatue wurde vom Sammler in Libreville, der Hauptstadt von Gabun, im westlichen Zentralafrika erworben. Sie stammt aus dem Sortiment eines fliegenden Händlers, den er dem Volk der Hausa zuordnet. Dargestellt ist ein Mann mit prächtiger Haartracht, der einen langen geflammten Dolch in der rechten Hand hält und ein kleines Gefäß in der linken. Eine für afrikanische Skulpturen typische Symmetrie und eine starre Haltung zeichnen seinen Körper aus,[35] dessen Proportionen deutlich von einer naturalistischen Darstellung abweichen. Reliefs aus geometrischen Mustern zieren den Torso, das Gesicht und die Glieder. Die Augenlider sind leicht gesenkt, so dass der Eindruck entsteht, die Statue blicke in großer Gelassenheit schräg auf einen vor ihr stehenden Betrachter hinab. Dies verleiht ihr eine wahrlich majestätische Erscheinung. Mit dem kulturgeschichtlichen Hintergrund seiner Statue hat sich der Sammler seinerzeit nicht befasst. Unbekannt sind Name und Identität des Schnitzers, der sie in den 1960/70er Jahren angefertigt hat. Allerdings legen zahlreiche Vergleichsstücke nahe, dass er sich Skulpturen zum Vorbild genommen hat, die im späten 19. und frühen 20. Jh. zur Darstellung bedeutender Männer im heutigen Kongo angefertigt wurden: der sogenannten Leopardenhäuptlinge.[36] Die Abbildung eines nahezu identischen Exemplars finden wir als „männlicher Schutzfetisch" deklariert im Reisebericht des deutschen Entdeckers Hermann von Wissmann (1853–1905), der die Region in den 1880er Jahren für den belgischen König erkundete (Abb. 6).[37]

DIE LEOPARDENHÄUPTLINGE DER LULUWA IM 19. UND FRÜHEN 20. JH.

Allgemein ist die Herstellung großer Holzskulpturen an eine Reihe ökologischer und sozialer Voraussetzungen geknüpft, die nur im afrikanischen Regenwald und dessen Umgebung erfüllt sind. Hier, entlang der Guinea-Küste, zu beiden Seiten des westafrikanischen Äquators und an der Ostküste von Madagaskar, sind die entsprechenden Hölzer in ausreichender Größe und Menge vorhanden. Im Süden und Osten des Kontinents nehmen mit der Dichte der Wälder hingegen Masse und Komplexität der Skulpturen ab und es wird auf alternative Materialien wie Perlen und Ton zurückgegriffen. Eine weitere Bedingung ist die Sesshaftigkeit der im und um den Regenwald lebenden Ackerbauern, in deren Dörfer die wenig mobilen Skulpturen eine feste Heimat finden. Hier ergibt sich ferner die Möglichkeit zu anspruchsvoller Architektur, wobei die bei der Herstellung von Türen, Fensterläden und Häuserpfosten gewonnenen Erfahrungen auf die Anfertigung hölzerner Figuren übertragen werden können. Stabile gesellschaftliche Institutionen sorgen für eine beständige Nachfrage, die es erfolgreichen Schnitzern erlaubt, sich ganz auf ihr

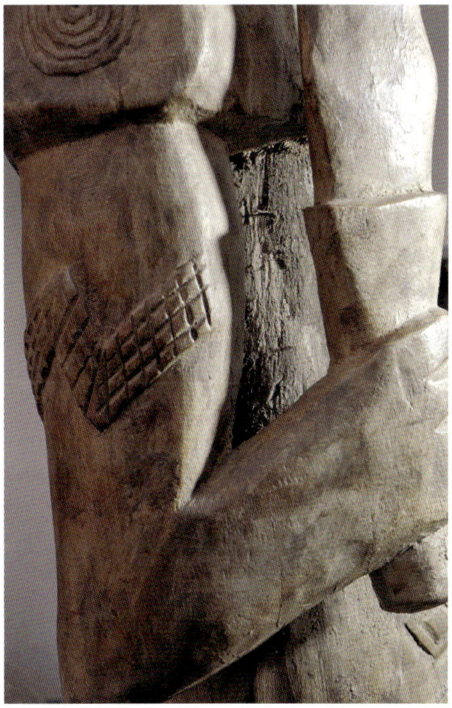

Gesichtsfalten und hohem Haaransatz zeigen. Was auf den ersten Blick wie die exakte Wiedergabe individueller Züge erscheint, und damit als das genaue Gegenteil zu den hölzernen Leopardenhäuptlingen, sei in Wirklichkeit eine ebensolche Angleichung des Dargestellten an ein Ideal – nämlich an das Ideal des durch Lebenserfahrung gezeichneten Mannes, der jahrzehntelang Sorge für das politische Gemeinwesen getragen hat. Die Skulpturen der Leopardenhäuptlinge in westlichen Sammlungen wurden allerdings aus ihren räumlichen und religiösen Kontexten herausgelöst. So wissen wir nicht mehr genau, wo und für wessen Betrachtung sie aufgestellt wurden, in welchen Zeremonien sie auf welche Weise Verwendung fanden und welche Geschichten man sich über die dargestellten Personen erzählte.[53]

Trotz aller Ähnlichkeiten mit den älteren Vorbildern muss betont werden, dass es sich bei der Statue der Sammlung Scheideler streng genommen nicht um die Darstellung eines Leopardenhäuptlings handelt. Zwar werden die dafür nötigen ikonographischen Elemente getreu reproduziert. Doch sie dienen nicht mehr zum Verweis auf ein historisches Individuum, auf gesellschaftliche Ideale oder religiöse Praktiken. Der Schnitzer muss sich ihrer Herkunft und Bedeutung ebenso wenig bewusst gewesen sein wie der Sammler, der die Statue nach Deutschland gebracht hat.

In einer Monographie über die afrikanische Kunst der zweiten Hälfte des 20. Jhs. stellt Sidney Littlefield Kasfir fest: „Some genres simply disappear once the old patronage fades away (...), while others incorporate new meanings which allow them to continue to exist in a situation of shifting patronage.“[54] Dies scheint auch für die hölzernen Leopardenhäuptlinge zuzutreffen. Nachdem ihre Herstellung für die Angehörigen einer indigenen Elite erloschen war, wurden ihre Formen für eine ausländische Abnehmerschaft reproduziert und von diesen als Erinnerungs- und Repräsentationsstücke mit neuen Bedeutungen aufgeladen. In den Worten Ingrid Thurners:

> „Der Käufer, Europäer, Amerikaner, Japaner, weiß zwar, daß die Maske, die Figur Verkörperung eines transzendenten Wesens oder einer numinosen Kraft sein soll, aber diese geht ihn nichts an, betrifft nicht ihn. Das Objekt ist für ihn nicht Kommunikationsmittel für soziale und religiöse Inhalte, sondern Repräsentant einer fremden Kultur, Informationsträger insofern, als es ihn später an die Reise und an jene ferne Welt erinnern wird.“[55]

Die Gestaltung der Statue nach älteren Vorbildern ist typisch für Souvenirstücke ihrer Zeit. Ob sich ihr Schnitzer erhoffte, dass man sie sogar für eine Antiquität halten könnte, lässt sich zwar nicht mehr feststellen. Ein derartiger Fall wurde aber 1975 beschrieben. Demnach konnte ein Schnitzer aus Zaire eine Reihe entsprechender Stücke mit so überzeugenden Altersspuren versehen, dass sogar das dortige *Institute of National Museums* sie für „authentisch“ hielt und in die Ausstellung aufnahm.[56] Das wäre mit dem hier besprochenen Exemplar allerdings nicht passiert. Seine dünne erdige Patina wurde mit einem breiten Pinsel aufgetragen, dessen Striche sich an einigen Stellen mit dem bloßen Auge nachvollziehen lassen. Einen gewissen Anschein des Alters und der Nutzung vermag es dennoch zu erwecken, zumindest in den Augen eines unerfahrenen oder hastigen Betrachters.

Die wichtigste Anpassung an die Bedürfnisse eines westlichen Käufers betrifft jedoch die Größe der Statue. Mit ihren 1,92 m stellt sie ihre Vorbilder, deren Höhe 1 m meist nicht überschreitet, klar in den Schatten. So entspricht sie dem von William Bascom beschriebenen Trend, Souvenirstücken gigantische Formen zu verleihen, die sie zwar in den Augen des Europäers besonders wertvoll erscheinen lassen, aber für einen Gebrauch im ursprünglichen Sinne untauglich machen.[57] So scheint es schwer vorstellbar, wie man die von Scheideler gekaufte Statue noch auf ein Schlachtfeld hätte tragen sollen. Ihre außerordentliche Höhe, gepaart mit der Schwere ihres Kopfes, raubt ihr ferner jede Standfestigkeit. Würde man versuchen, sie ungestützt in den Raum zu stellen, würde sie sogleich umkippen und mit großer Wucht zu Boden stürzen.

Zwei weitere Aspekte der Statue könnten ihrem kommerziellen Charakter geschuldet sein: Ihr Holz weist zahlreiche Sprünge auf, die auf eine fehlende Trocknung vor der Bearbeitung hinweisen. An Stellen, die dem Betrachter nicht sofort ins Auge springen, wie an der nach innen gewandten Seite der Oberarme und den Flanken des Torsos, hat der Schnitzer ferner darauf verzichtet, die Oberfläche des Holzes zu glätten. Sogar einzelne Holzsplitter stehen ab. Zwar ist der Autor skeptisch gegenüber allzu pauschalen Urteilen über die fehlende Sorgfalt bei der Produktion für den Markt.[58] Dennoch scheint naheliegend, dass ein für die Luluwa-Elite arbeitender Schnitzer sich diese Arbeitsschritte nicht erspart hätte.

Dass der Verkauf der Statue, und aufgrund ihrer eingeschränkten Mobilität wohl auch die Herstellung, nicht im Kongo erfolgte, sondern in Gabun, bestätigt zudem die bei Souvenirstücken beobachtete Loslösung der Objekte und ihrer Formen von ihren ethnischen und geographischen Wurzeln.

Anmerkungen:

35 Vgl. Willett 2003, S. 135.

36 Abbildungen und Erläuterungen in LaGamma 2011, S. 206–214; Petridis 2008, S. 117-137; Wissmann 1891, S. 327.

37 Wissmann 2013, S. 327.

38 Willett 2003, S. 17–19.

39 Alternative Bezeichungen sind „Lulua", „Bena-Lulua" und „Baluba". Letztere Bezeichnung findet sich im Reisebericht Hermanns von Wissmann, aus dem im Folgenden des Öfteren zitiert wird.

40 Zur Entstehung, Bedeutung und dem Ende der Tradition der Leopardenhäuptlinge siehe die Darstellungen von LaGamma 2011, S. 206–214; Petridis 2008, S. 117–137.

41 LaGamma 2011, v. a. S. 207; Petridis 2008, v. a. S. 133–135.

42 Wissmann 1891, S. 326–328.

43 LaGamma 2011, S. 214; Petridis 2008, S. 137.

44 Petridis 2008, S. 128.

45 Neyt 1988, S. 260.

46 Petridis 2008, S. 128.

47 Vgl. Thurner 1995/6, S. 235 f.

48 In seinem Bericht führt er aus: „Bald sind es wellige Linien, bald punktförmige Erhabenheiten, bald schwungvolle Arabesken, die den ganzen Körper mit Ausnahme der Schienbeine, Rückseiten der Unterarme, Hände, Füße und der weiblichen Brüste schmücken. Nicht immer sind diese hieroglyphenähnlichen Zeichen gleichmäßig und untereinander symmetrisch, aber man kann überall das Bestreben erkennen, die Muster den Körperformen anzuschmiegen. Konzentrische Kreise, Rhomben und Spiralen wechseln mit offenen Winkeln und erhabenen Punkten." Allerdings gibt es laut Wissmann auch regionale Unterschiede und solche zwischen den Generationen, was er als Beleg für sich ablösende Moden erkennt. Wissmann 1891, S. 214–216.

49 LaGamma 2011, S. 207.

50 LaGamma 2011, S. 207.

51 Petridis 2008, S. 128.

52 Neyt 1988, S. 260.

53 LaGamma 2011, S. 3–17.

54 Kasfir 1999, S. 64.

55 Thurner 1997, S. 87.

56 Cornet 1975, S. 52.

57 Siehe oben, S. 14.

58 Zu dieser Problematik siehe oben, S. 14 f.

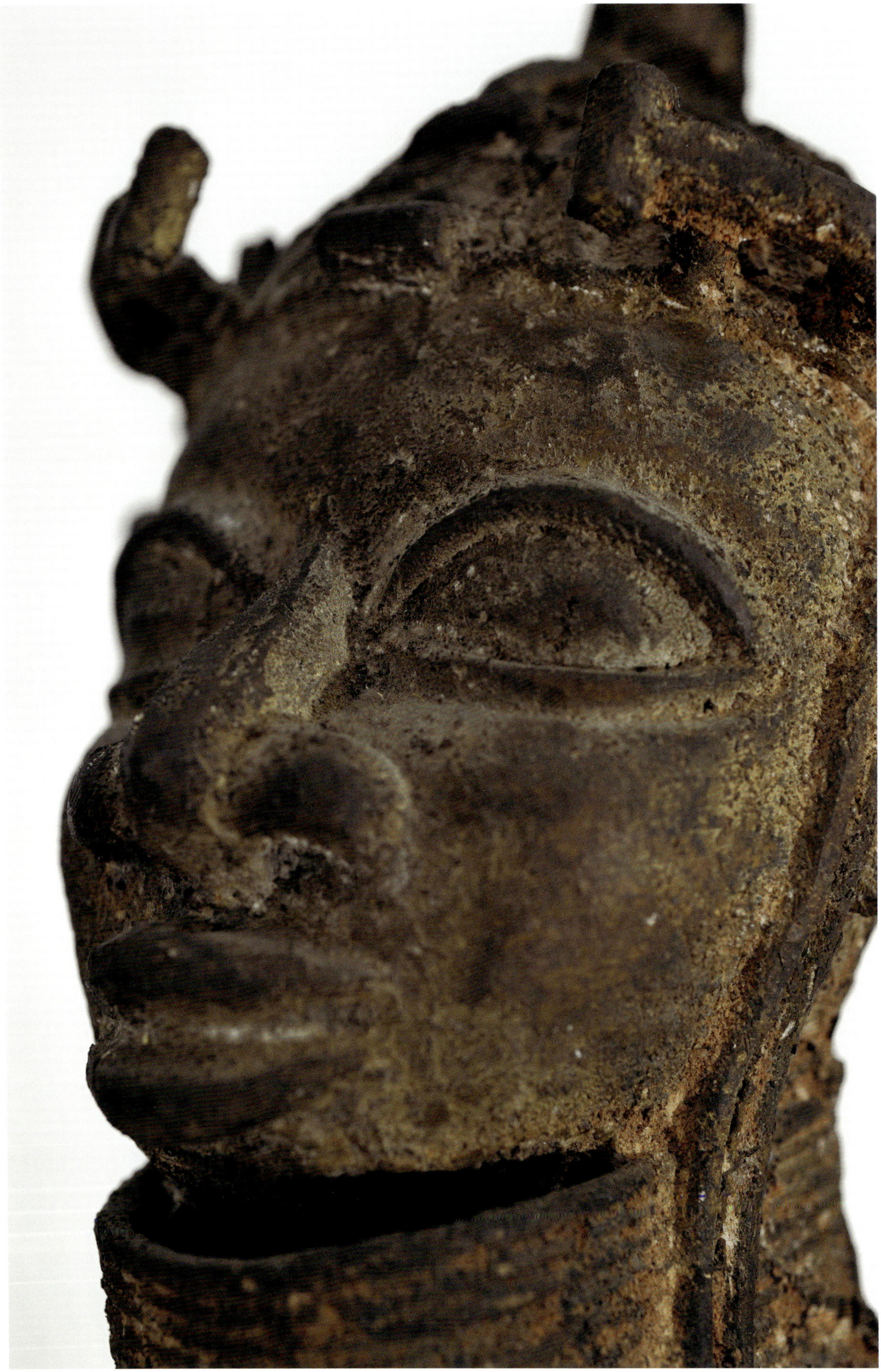

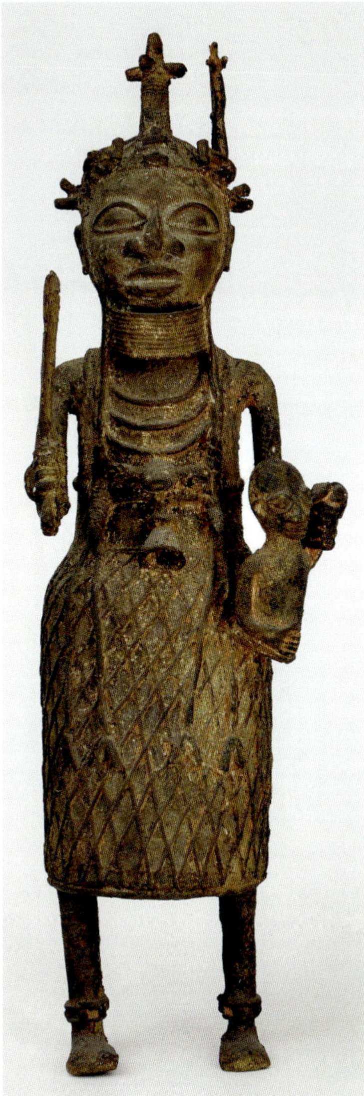

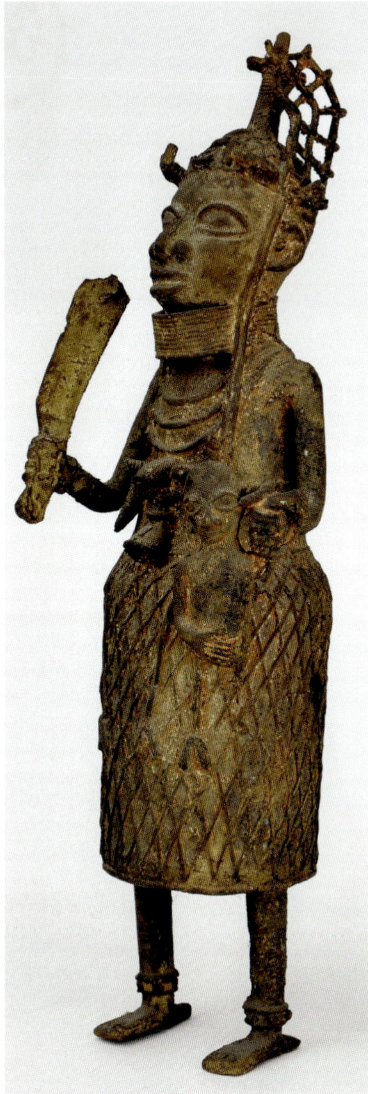

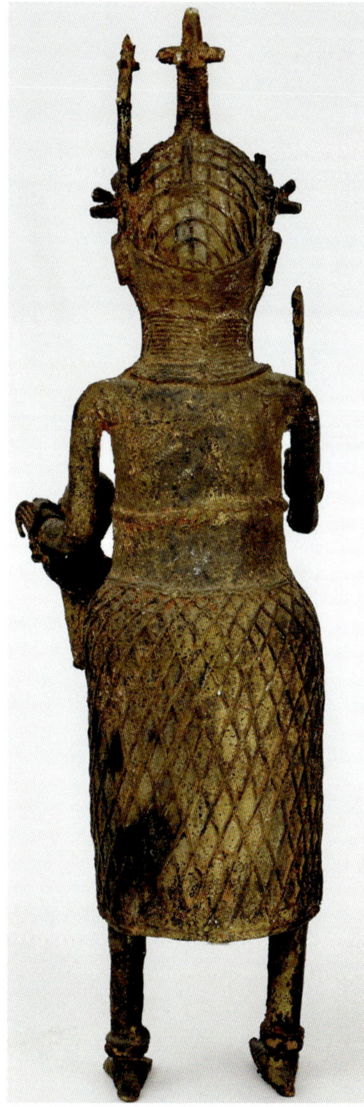

2. STATUETTE EINES OBA VON BENIN

Inv.-Nr.: V4769
Künstler: unbekannt
Material: Messing, künstliche Patinierung und Altersspuren
Maße: H. 65 cm, B. 19,5 cm, T. 19,5 cm
Zustand: gut, rechter Flügel der Krone und Schwertspitze abgebrochen
Erwerbsort: Lagos, Nigeria
Datierung: 1960/70er Jahre

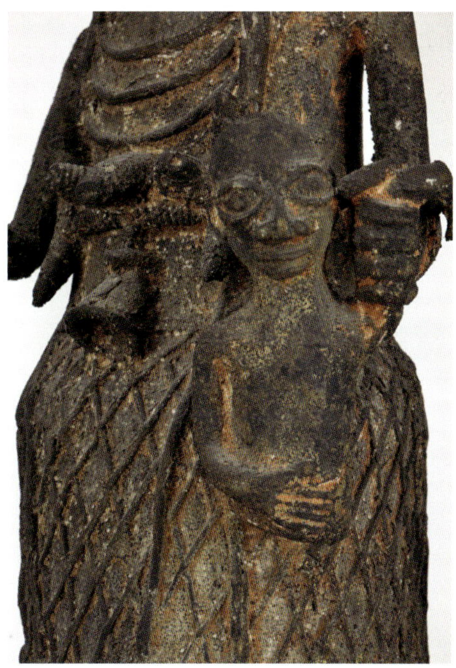

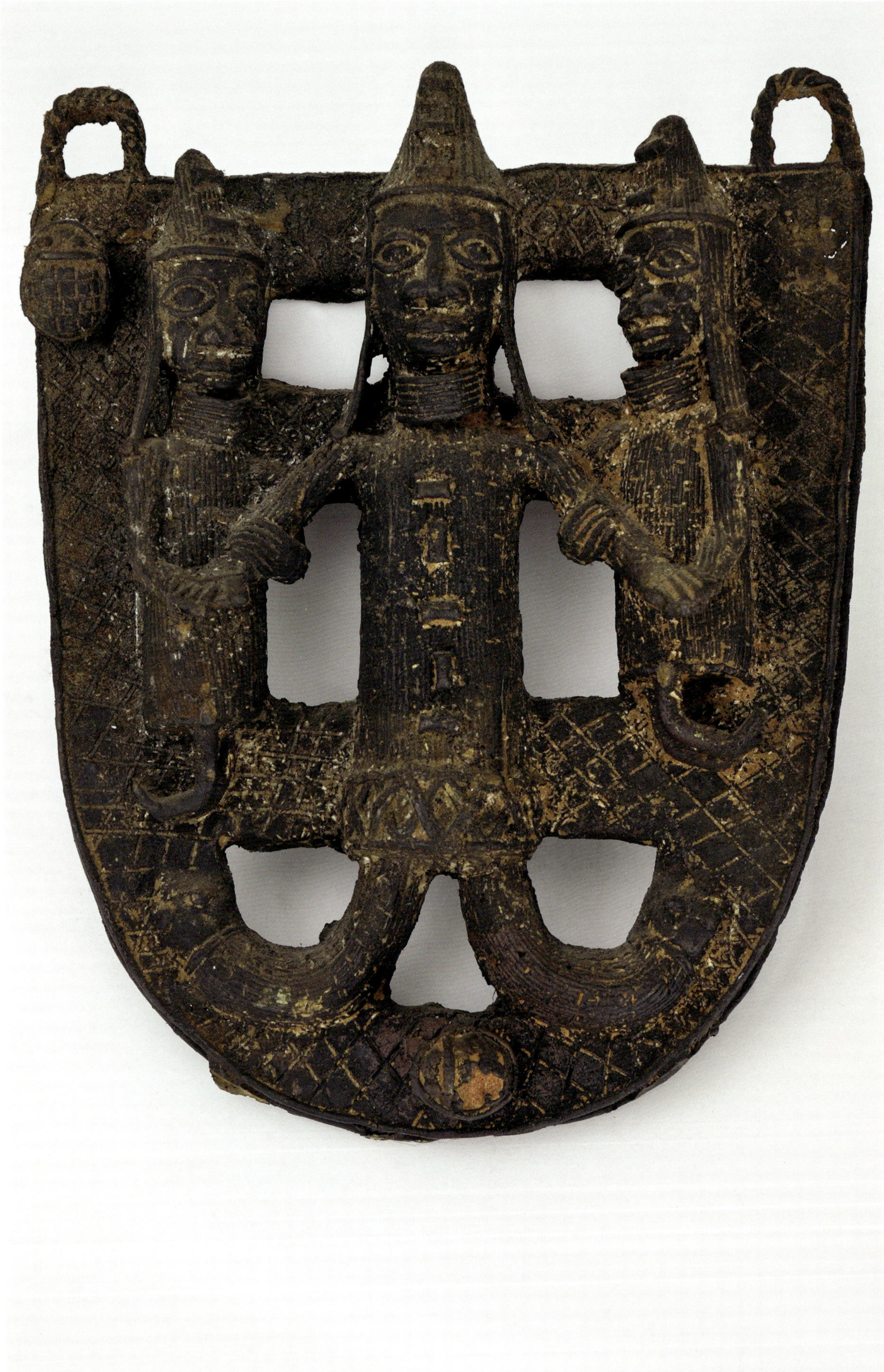

3. RELIEFPLATTE MIT OBA VON BENIN

Inv.-Nr.: V4770
Künstler: unbekannt
Material: Messing, starke künstliche Patinierung und Altersspuren
Maße: H. 34 cm, B. 28 cm, T. 7,3 cm
Zustand: gut, unterer Frosch fehlt
Erwerbsort: Lagos, Nigeria
Datierung: 1960/70er Jahre
Publiziert: Duschner 2021, S. 283–285.

Die beiden im Gussverfahren hergestellten Messingskulpturen hat der Sammler in Lagos erworben, seinerzeit die Hauptstadt von Nigeria.[59] Beide zeigen einen Oba, den Herrscher von Benin, bei der Feier einer religiösen Zeremonie, einmal in Form einer 65 cm hohen freistehenden Figur in zeremoniellem Gewande, mit einem Schwert und einem Untergebenen am Arm, und einmal auf einer 34 cm hohen, 28 cm breiten U-förmigen Reliefplatte als zentrale Person einer Dreiergruppe. Dieser Oba zeichnet sich durch seine seltsam nach außen gebogenen Beine aus und entspricht einer Darstellungsart, die schon in Reiseberichten des 19. Jhs. Erwähnung findet. So bemerkte der britische Konsul Sir Richard Francis Burton im Jahre 1863: „His majesty of Benin is a peculiar figure, somewhat like Ganesa, all head, bust, and paunch; his legs are doubled up (…) and his arms are supported 'country fash,' by two small figures intended, as in the Laocoon, for 'boys'."[60] Die bis heute regierende Dynastie der Obas lässt sich laut dem 2016 inthronisierten Ewuare II. bis ins 12. Jh. zurückverfolgen.[61] Allerdings handelt es sich nur noch um ein spirituelles Oberhaupt ohne eigenen Staat. Der war im späten 19. Jh. den kolonialen Ambitionen Großbritanniens zum Opfer gefallen und ist nun fester Bestandteil Nigerias: 1897 vertrieb ein britisches Expeditionsheer den letzten souverän herrschenden Oba, Ovonramwen (1888–97), plünderte seine Residenz in Benin-Stadt und steckte sie in Brand.[62] Zu den Beutestücken gehörten hunderte im Gussverfahren[63] hergestellte Messingskulpturen und -platten aus dem Palastareal. Diese als „Benin-Bronzen"[64]

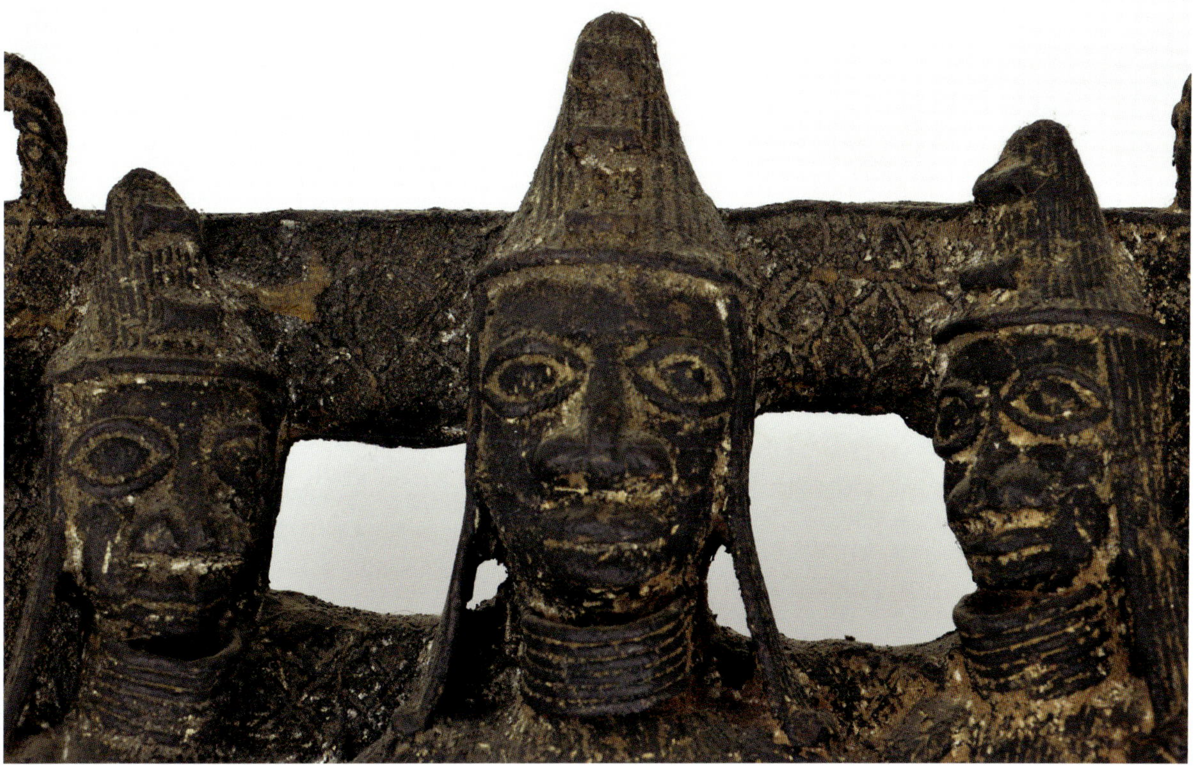

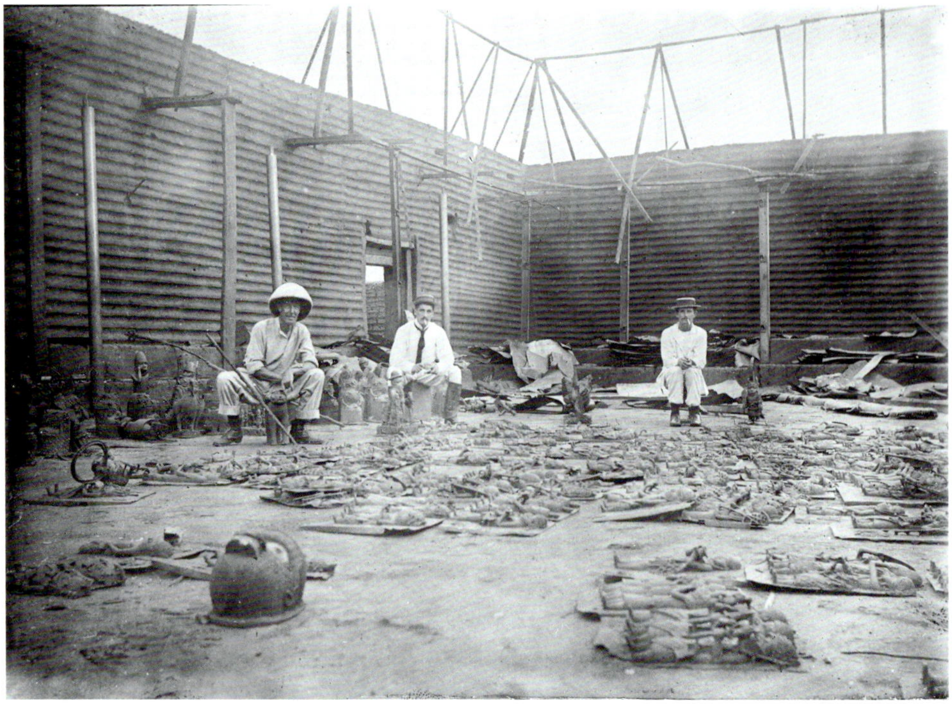

Abb. 8: Das Innere der Residenz des Obas von Benin nach der Zerstörung durch das britische Expeditionsheer 1897. Auf dem Boden liegen zahlreiche Gusswerke, die nun als Kriegsbeute ihren Weg nach Europa finden würden.

bekannt gewordenen Stücke fanden in Europa schnell Anerkennung als Kunstwerke von besonderer Qualität und wurden über Londoner Auktionshäuser auf Museen und Privatsammlungen aus aller Welt verteilt (Abb. 8).[65] Ihrer Berühmtheit ist es zu verdanken, dass ähnliche Gusswerke bis heute von ausländischen Reisenden als Souvenirstücke nachgefragt werden.[66] So schreibt Charles Gore in seiner Skizze einer erfolgreichen Gelbgießerfamilie des 20. Jhs.: „Like all brasscasters (…) they consult publications on pre-1897 Benin works of art (and other brasscasting centres in Africa) in brass, wood and ivory".[67] Die U-förmige Reliefplatte bietet uns ein Beispiel für eben solch ein Stück nach altem Vorbild, während die Gestaltung der freistehenden Skulptur auch den zeitgenössischen Darstellungen eines Oba entspricht.

DIE RELIGIÖSE SYMBOLIK AUF DER U-FÖRMIGEN RELIEFPLATTE

Beide Gelbgüsse aus der Sammlung Scheideler zeigen einen Oba von Benin bei der Feier einer religiösen Zeremonie. Dabei kommen zumindest die Vorbilder für die Gestaltung der U-förmigen Reliefplatte aus der Zeit vor 1897, als dieser noch weit mehr war als ein spirituelles Oberhaupt. Vor der britischen Eroberung galt er als die höchste Autorität im Lande. Doch die Durchsetzung dieses Anspruchs konnte nicht jedem Oba gleichermaßen gelingen, da sie ebenso von persönlichen Fähigkeiten abhing wie von der Akzeptanz durch lokale Eliten und städtische Amtsträger. Ihnen gegenüber konnte ein allumfassender Machtanspruch zwar mit Verweis auf die Gewohnheiten vergangener Herrscher begründet werden – nicht umsonst wurden deren vermeintliche Errungenschaften in mündlicher Überlieferung tradiert und auf hunderten Gelbgüssen am Hofe deutlich sichtbar ausgestellt.[68] Jeder Oba musste sich aber glaubhaft als Fortführer ihres glorreichen Erbes präsentieren können, wenn er ebenfalls in den Genuss ihrer Autorität kommen wollte. Hierbei spielten religiöse Zeremonien eine wichtige Rolle, denn sie bezeugten die Kommunikation des Oba mit den Göttern und den Geistern seiner Ahnen, die es ihm erlaubte, die Gesellschaft nach ihrem Willen und Vorbild zu führen. Die Verbindung zu den höheren Mächten musste deshalb immer wieder in prächtigen Inszenierungen unter Beweis gestellt werden, sowie letztlich durch den Erfolg der gesamten

Herrschaft. Wo die Anknüpfung an die ruhmvolle Vergangenheit misslang, drohte der Verlust von Autorität und Leben.[69]

Von der mächtigen Verbindung des Oba zu den Göttern und von seinem potentiell prekären Verhältnis zu den eigenen Amtsträgern und Untertanen handelt die religiöse Symbolik auf der U-förmigen Reliefplatte. Entsprechende Darstellungen „eines Oba mit ‚Welsbeinen'" finden sich auf mindestens fünf gleichartigen Werken aus der Zeit vor 1897.[70] Ihre ikonographischen Details werden präzise reproduziert: Der in der Mitte stehende Oba übertrifft seine knienden Begleiter an Größe und wird von ihnen an den Armen gehalten. Seine Beine sind, U-förmig wie die Platte selbst, nach außen gebogen und enden in kleinen Köpfen. Um die Figuren angeordnet sind Frösche dargestellt, von denen einer abgebrochen wurde.

Folgt man gängigen Interpretationen, kombinieren derartige Reliefplatten zwei wichtige Motive zur Demonstration der Macht des Herrschers, aber auch ihrer Grenzen. Die aus Schlammfischen bestehenden Beine der mittleren Figur verweisen auf Oba Ohen, der im frühen 15. Jh. regiert haben soll. Seine Beine waren gelähmt, was er vor dem Volk zu verbergen suchte. Jedoch wurde sein Geheimnis von dem Iyase verraten, einem Amtsträger, dessen Aufgabe darin bestand, die Interessen der Bevölkerung von Benin-Stadt am Hofe zu vertreten.[71] Der Oba ließ den redseligen Mann hinrichten, zog sich damit aber den Zorn seines Volkes zu und wurde letztlich von einer wütenden Menge gesteinigt. So lassen sich die auf Ohen verweisenden Fischbeine als deutliche Warnung vor Machtmissbrauch verstehen. Andererseits verdeutlichen sie auch die göttliche Abstammung seiner Dynastie, denn Ohen soll der Enkel des Schöpfergottes und Sohn des Meeresgottes gewesen sein. Da manche Schlammfische elektrische Stöße freisetzen können, sind sie besonders geeignet, die übermenschliche Kraft des Oba zu verdeutlichen. Zudem sind sie – wie er – Bewohner eines Grenzlandes: So wie sie sich zu Wasser und zu Lande fortbewegen können, nimmt der Oba eine Stellung zwischen der menschlichen und der göttlichen Sphäre ein. Die enge Beziehung zum Wasser und zum Meeresgott wird auch durch die auf der Platte angebrachten Frösche unterstrichen.

Dass der Herrscher trotzdem auf die Unterstützung seiner Anhänger angewiesen ist, verdeutlichen die beiden Figuren an seiner Seite. Ihre Haltung bringt sowohl ihre Unterordnung zum Ausdruck als auch ihre Funktion als Stützen der Herrschaft.[72] Laut Peter Göbel könnte es sich bei ihnen um die „beiden Hohenpriester Osa und Osun" handeln, da diese „während der *Igue*-Zeremonie eine solche kniende Haltung zu Seiten des Oba einnahmen."[73] Bis zum heutigen Tage markieren diese elftägigen Feierlichkeiten den Beginn eines neuen Jahres. Im Rahmen von neun Hauptzeremonien werden die spirituellen Kräfte des Oba erneuert, seine Autorität und der gesellschaftliche Zusammenhalt inszeniert und an wichtige historische Ereignisse erinnert. Zu diesen gehört auch der Tod des Iyase, der dem Volk das Geheimnis von Ohens gelähmten Beinen verriet.[74]

DIE RELIGIÖSE SYMBOLIK DER STATUETTE

Wie man sich die Bekleidung eines Oba beim Vollzug einer religiösen Feierlichkeit vorzustellen hat, zeigt die kleine Messingstatue, die trotz ihrer zierlich wirkenden Beine über ein hohes Maß an Standfestigkeit verfügt. Als Königin Elisabeth II. dem damaligen Oba Akenzua II. (1933–78) im Jahre 1956 einen Besuch abstattete, wurde das Zusammentreffen beider Monarchen von Omoregbe Inneh, dem Leiter der Gelbgießergilde, auf einer Bronzeplatte dokumentiert. Das Kunstwerk, das fortan den Empfangsraum des Oba zieren sollte, zeigt diesen im identischen zeremoniellen Gewande.[75] Wir finden es auch auf Fotografien des 20. und 21. Jh., wie zuletzt auf denen von der Königserhebung Ewuares II. im Oktober 2016 (Abb. 9).

Die aufrechtstehende Figur trägt ein aus Perlensträngen geflochtenes Festkleid, das dem Herrscher die Statur eines Termitenhügels verleiht und damit einem seiner Ehrentitel, dem des „Ameisenhaufen“, entspricht. Um den Bauch der Figur geschlungen sehen wir die Darstellung eines mit Korallen verzierten Gürtels, der auf die Fähigkeit des Oba zur Bannung des Hungers verweisen soll. An ihm hängt eine gleichermaßen dekorierte Glocke mit dem Namen: „The ground (that is, the king) does not feel the weight of a load.“[76] Vergleichbare Glocken in Form einer spitzenlosen Pyramide, die vor der Brust getragen werden, finden sich auf vielen Kunstwerken Benins. Auch militärische Würdenträger werden mit ihnen dargestellt. Auf Altären dienen sie dazu, den Beginn einer Zeremonie einzuläuten. Stets wird mit ihrem Klang die Präsenz des Sakralen eingeläutet.[77]

Das Haupt der Statue wird durch die Darstellung einer aus Perlensträngen geflochtenen Kappe gekrönt. Deren beiden nach oben gerichteten Flügel, von denen der linke abgebrochen ist, finden sich spätestens seit dem frühen 19. Jh. auf den herrschaftlichen

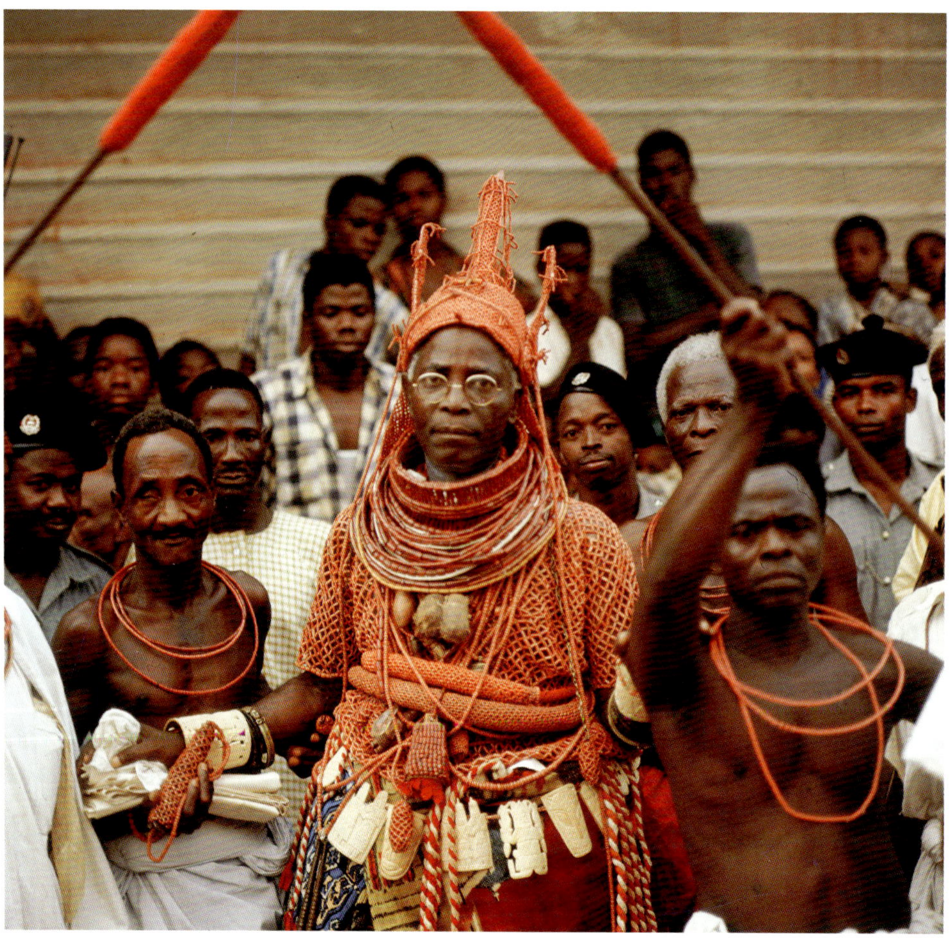

Abb. 9: Oba Akenzua II. (1899–1978) in einem zeremoniellen Gewand, vergleichbar mit der Statuette aus der Sammlung Karl-Josef Scheidelers.

Kopfbedeckungen. Ihre Bedeutung ist umstritten: Möglicherweise sollen sie ihrer Form nach auf ein zeremonielles Schwert verweisen, wie es auch von der Statue in der rechten Hand gehalten wird. Ebenfalls erkennbar ist die Darstellung der zwei von den Flügeln ausgehenden, nach vorne gebogenen Röhrenperlenstränge, die womöglich auf die Barteln eines Welses anspielen sollen und, wie die Fischbeine des Oba auf der U-förmigen Reliefplatte, dessen besondere Nähe zum Meeresgott unterstreichen. Ihr Name lässt sich mit „Niemand kann die Stirn des Leoparden berühren" übersetzen, wobei „der Leopard" als Bezeichnung für den Herrscher dient.[78]

Mit der linken Hand hält der Oba eine kleine Figur mit nicht dargestelltem Unterleib fest am Arm. Hierbei dürfte es sich aufgrund des Größenunterschiedes um einen Untergebenen handeln.[79]

ASPEKTE DER HERSTELLUNG UND DES VERTRIEBS ALS SOUVENIRSTÜCKE

Der Sammler hat seine beiden Gelbgüsse in Lagos bei Hausa-Händlern erworben, die ihre Waren vor einem der großen Hotels in Strandnähe aufgebaut hatten. Die Gegend war der Wissenschaft als Zentrum des Handels mit Souvenirartikeln bekannt. Ronald Ruprecht beschreibt 1987 das Sortiment der Händler, das neben Elfenbeinartikeln und Masken auch „Nachgüsse von Benin-Bronzen" umfasst.[80] Käufer dieser Stücke seien v. a. beruflich vor Ort tätige Ausländer und die Herstellung erfolge noch unter Rückgriff auf „traditionelle" Materialien und Techniken, wobei wohl solche gemeint sind, die schon vor 1897 in Gebrauch waren.[81]

Alte Motive, Korrosionsspuren, Beläge und Beschädigungen geben den beiden hier besprochenen Exemplaren den Anschein, selbst Antiquität zu sein – ein Eindruck, auf den man sich allerdings nicht verlassen sollte. Wie im Falle hölzerner Skulpturen konnten derartige Altersspuren künstlich angebracht werden, um dem Bedürfnis europäischer Käufer nach alten Stücken gerecht zu werden. So beschreibt Marshall Ward Mount 1973 das Vorgehen des Gelbgießers David Ihama:

> „He is the chief maker of imitation ancient Benin bronzes, burying his newly cast works until they acquire a deep green or brown crusty patina. Moreover, Ihama models imperfect and incomplete pieces or even deliberately mutilates the finished brasses to simulate the effects of age. They are then sold as genuine antiquities at prices up to $500 in Benin City and Lagos."[82]

Wo die Anbringung künstlicher Altersspuren nicht durch den Hersteller erfolgte, konnten dies laut Charles Gore die Händler nachholen, „sometimes treating the objects to produce a weathered-looking patina."[83]

Im Gegensatz zur oben besprochenen Holzstatue kann trotzdem nicht völlig ausgeschlossen werden, dass die beiden Gelbgüsse vor ihrem Übergang in das Sortiment eines Hausa-Händlers einen einheimischen Schrein geziert haben. Im Jahre 1914 wurde mit Eweka II. (1914–33), dem ältesten Sohn des 1897 besiegten Ovonramwen, nämlich ein neuer Oba auf den Thron Benins gesetzt. Der Machthaber von Londons Gnaden bemühte sich, an alte Traditionen anzuknüpfen: Ein neuer Palast wurde gebaut, dieser und die Schreine des Landes abermals mit Gusswerken bestückt. Die bis in die 1950er Jahre entstehenden „Ersatzstücke", so die Einschätzung von Nevadomsky, Putova und Soukup, entsprechen in hohem Maße den Objekten aus der Zeit vor 1897.[84] Viele haben in den folgenden Jahrzehnten ihren Weg in den Handel gefunden, sei es aufgrund wirtschaftlicher Not oder stark veränderter religiöser Vorstellungen.[85] Aufgrund der Unmöglichkeit, ihre individuellen Geschichten über den Moment des Verkaufs am Strand von Lagos

zurückzuverfolgen, kann diese Möglichkeit durch alleinige Betrachtung weder bestätigt noch gänzlich verworfen werden.
Auf den Erwerb eines anderen Typs von Metallskulptur hat Karl-Josef Scheideler übrigens verzichtet: Während eines Besuchs in Nigerias Nachbarstaat Benin[86] konnte er mitansehen, wie dortige Gelbgießer große Mengen kleiner Menschenfiguren in anzüglichen Posen herstellten und „in einer Bude unter dem Ladentisch" an die europäischen Besucher verkauften. Scheideler war vom Anblick der „Sexfiguren" allerdings zu erschrocken, um entsprechende Exemplare in seine Sammlung aufnehmen zu wollen!

Anmerkungen:

59 Lagos, seit der Unabhängigkeit 1960 Hauptstadt Nigerias, wurde erst 1991 von Abuja in dieser Rolle abgelöst.

60 Burton 1863, S. 278 u. 281.

61 Die Inthronisation des aktuellen Oba von Benin, Ewuare II, wurde im Oktober 2016 abgeschlossen. In seiner Antrittsrede verkündete er: „A long line of succession of kings in the Kingdom known as Benin started in the 12th century of modern recording. (...) I therefore stand before you today as the 40th Oba of Benin." Siehe im Internet: http://www.edoworld.net/Oba_Ewuare_II_2.html, eingesehen am 14.11.2017.

62 Siehe hierzu z. B.: Harding 2010, S. 234–249; Igbafe 1970.

63 Zur Herstellung einer „Benin-Bronze" beginnt der Künstler mit der Modellierung eines Tonkerns, dessen Form der künftigen Skulptur entspricht. Darüber wird flüssiges Wachs gegossen und zu einer gleichmäßig dünnen Schicht verteilt. Mit einem erhitzen Messer werden Details herausgearbeitet, wie Augen, Augenbrauen, Münder und Bärte. Extremitäten, wie Haare und Ohren, formt der Künstler separat und fügt sie an. Das Resultat wird mit einer weiteren Tonschicht umgeben und über dem Feuer erhitzt. Nur ein kleines Loch im äußeren Mantel erlaubt es dem schmelzenden Wachs, aus der Form zu fließen und einen dünnen Hohlraum zu hinterlassen. In diesen wird das flüssige Metall gegossen. Nach dem Abkühlen können die Tonschichten entfernt werden. Was der Künstler zuerst aus Wachs modelliert hatte, liegt nun in metallener Form vor. Dieses einfache Prinzip findet bis heute Anwendung, auch wenn eine Reihe technischer Innovationen wie gasbetriebene Schmelzöfen das Werk des Künstlers erleichtern. Siehe z. B. Balfour 1910; Dark 1973; Nevadomsky, Putova und Soukup 2014, v. a. S. 97 f.

64 Zwar sprechen wir von „Benin-Bronzen". Doch ein Großteil der so bezeichneten Objekte ist aus Messing. Die Legierung aus Kupfer und Zink weist wie Bronze eine goldene Farbe auf, aber übertrifft diese an Glanz. Als das Billigere der beiden Materialien wird Messing bis heute bevorzugt, wobei für den ungeübten Blick ohnehin kein Unterschied zur Bronze erkennbar ist. Siehe z. B. Dark 1973, S. 50; Odiahi 2017, S. 178.

65 Hierzu z. B. Barkan 1997, sowie mit Blick auf Deutschland: Gunsch 2013.

66 So lesen wir in einer Untersuchung zur Entwicklung des Tourismus in Nigeria: „A lot of people travel to obtain service from the Benin art works. For example, scholars visit art museums and galleries worldwide where Benin art can be consulted and if possible purchased in search of information. Art collectors are not left out as travelers continue to visit the production centres and showrooms to buy and commission the production of specific works of their choice to adorn both private and public places." Ononeme 2010, S. 566.

67 Gore 1997, S. 60.

68 Laut einer aktuellen Darstellung von Ese Vivian Odiahi von der *Benson Idahosa University* in Benin-Stadt lassen sich die Ursprünge des Gelbgusses in der Region bis in die Zeit vor dem 11. Jh. zurückverfolgen und die Technik soll lokalen Ursprungs sein: Über den ersten Metallgießer wird in mündlicher Überlieferung erzählt, er habe sein Handwerk dank göttlicher Eingebung von Geburt an beherrscht. Der ab 1280 regierende Oba Oguola soll die Künstler in einer Gilde zusammengefasst und eng an seinen Hof gebunden haben. Deren Aufgabe bestand bis 1897 darin, Objekte für religiöse Zeremonien und Schreine sowie zur Dekoration des Palastes herzustellen. Im 16. Jh. soll die Tradition der Herstellung von Metallplatten begonnen haben, auf denen wichtige Ereignisse und Errungenschaften der Herrscher dokumentiert und am Hofe sichtbar ausgestellt wurden. Odiahi 2017.

69 Zum Oba von Benin siehe Harding 2010, v. a. S. 94–110.

70 Göbel, Köhler und Seige 2002, S. 126.

71 Zum Amt des Iyase siehe Harding 2010, v. a. S. 121 f.

72 Die hier ausgeführte Interpretation der Reliefplatte findet sich bei: Blackmun 1997, S. 73; Erza 1992, S. 131 u. 149; Göbel, Köhler und Seige 2002, S. 126 f. Zur Bedeutung der Schlammfische siehe ergänzend Gallagher 1983.

73 Göbel, Köhler und Seige 2002, S. 126.

74 Zu Ablauf und Bedeutung der jährlichen *Igue*-Feierlichkeiten siehe Omoera 2008.

75 Mount 1973, S. 10 f.

76 Nevadomsky 1993, S. 72.

77 Hess 1983.

78 Göbel, Köhler und Seige 2002, S. 80.

79 Herr Scheideler selbst deutete die Figur als die Darstellung eines Kindes.

80 Ruprecht 1987, v. a. S. 31 f.

81 Ruprecht 1987, S. 30 f.

82 Mount 1973, S. 212.

83 Gore 1997, S. 61.

84 Nevadomsky, Putova und Soukup 2014, S. 92.

85 „Shrines blip off the screen", so Nevadomsky, Putova und Soukup, „shot down by evangelical fervor. Economic malaise and political malfeasance lead to pessimism and fatalism; proselytizing movements provide solace and escape. So family shrines are denuded as children of princes, chiefs, priests, village headmen and elders, slough off ancient beliefs and sell or burn a heritage they relinquish and abhor." Nevadomsky, Putova und Soukup 2014, S. 94.

86 Nicht zu verwechseln mit dem historischen Königreich Benin.

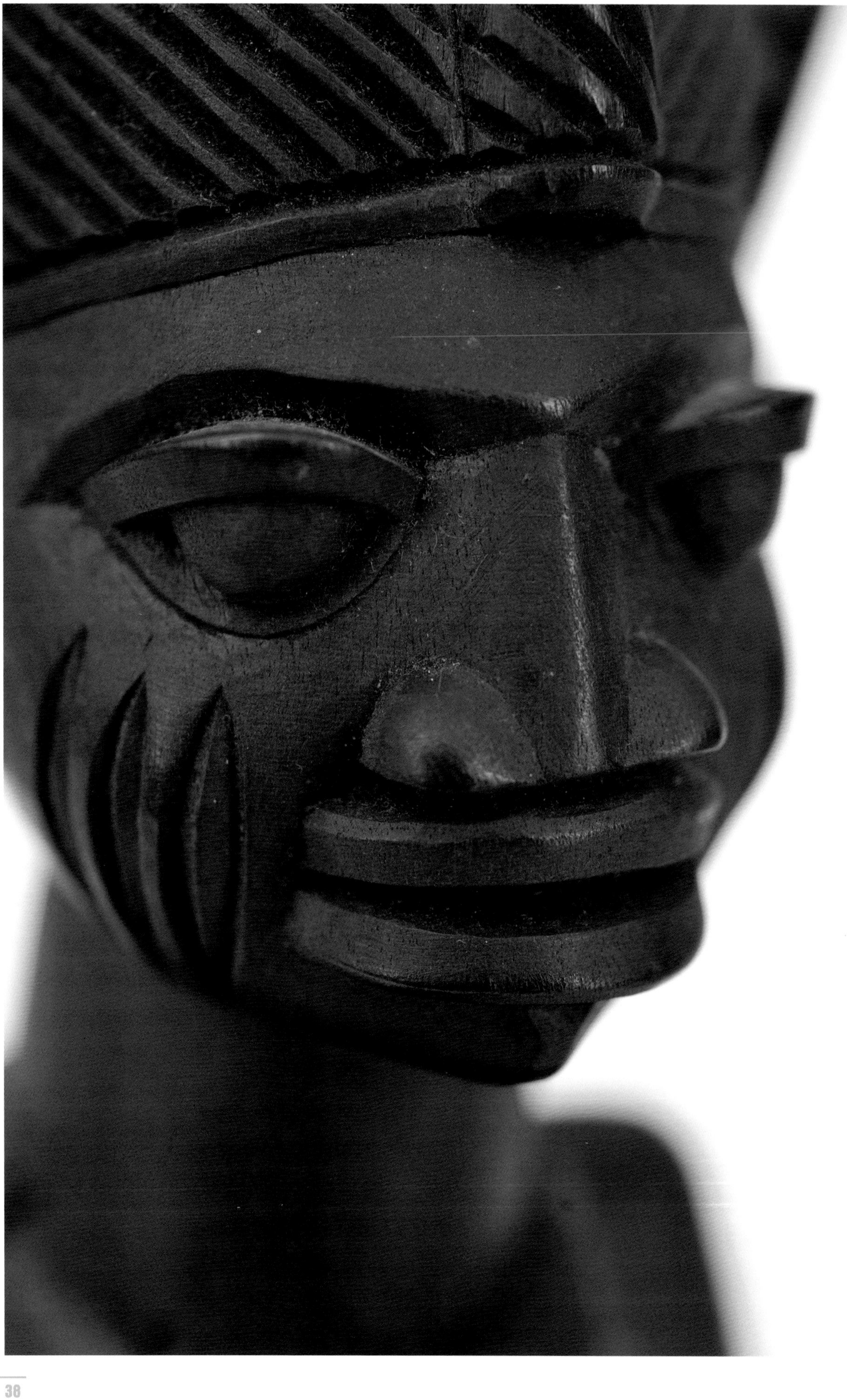

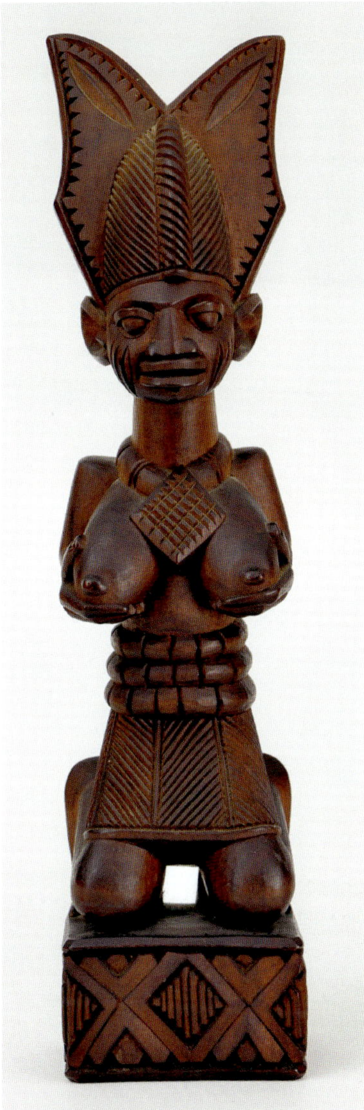
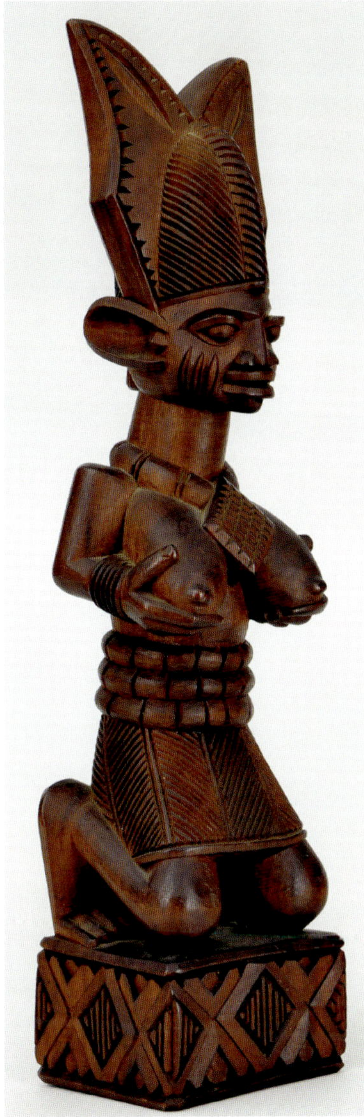
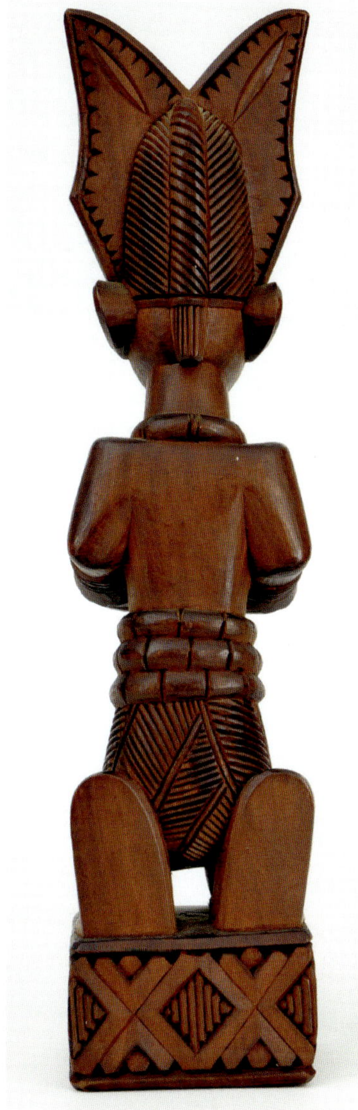

4. STATUETTE EINER SCHANGO-ANBETERIN

Inv.-Nr.: V4771
Sammlung Scheideler, West- und Zentralafrika
Künstler: Bisi Fakeye
Material: Holz, dunkel holzfarben lasiert
Maße: H. 38,5 cm, B. 9 cm, T. (Sockel) 7,6 cm
Zustand: sehr gut
Erwerbsort: Lagos, Nigeria
Datierung: 1960/70er Jahre

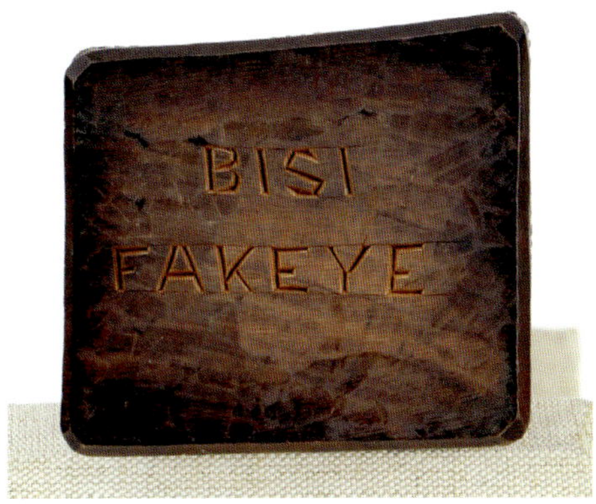

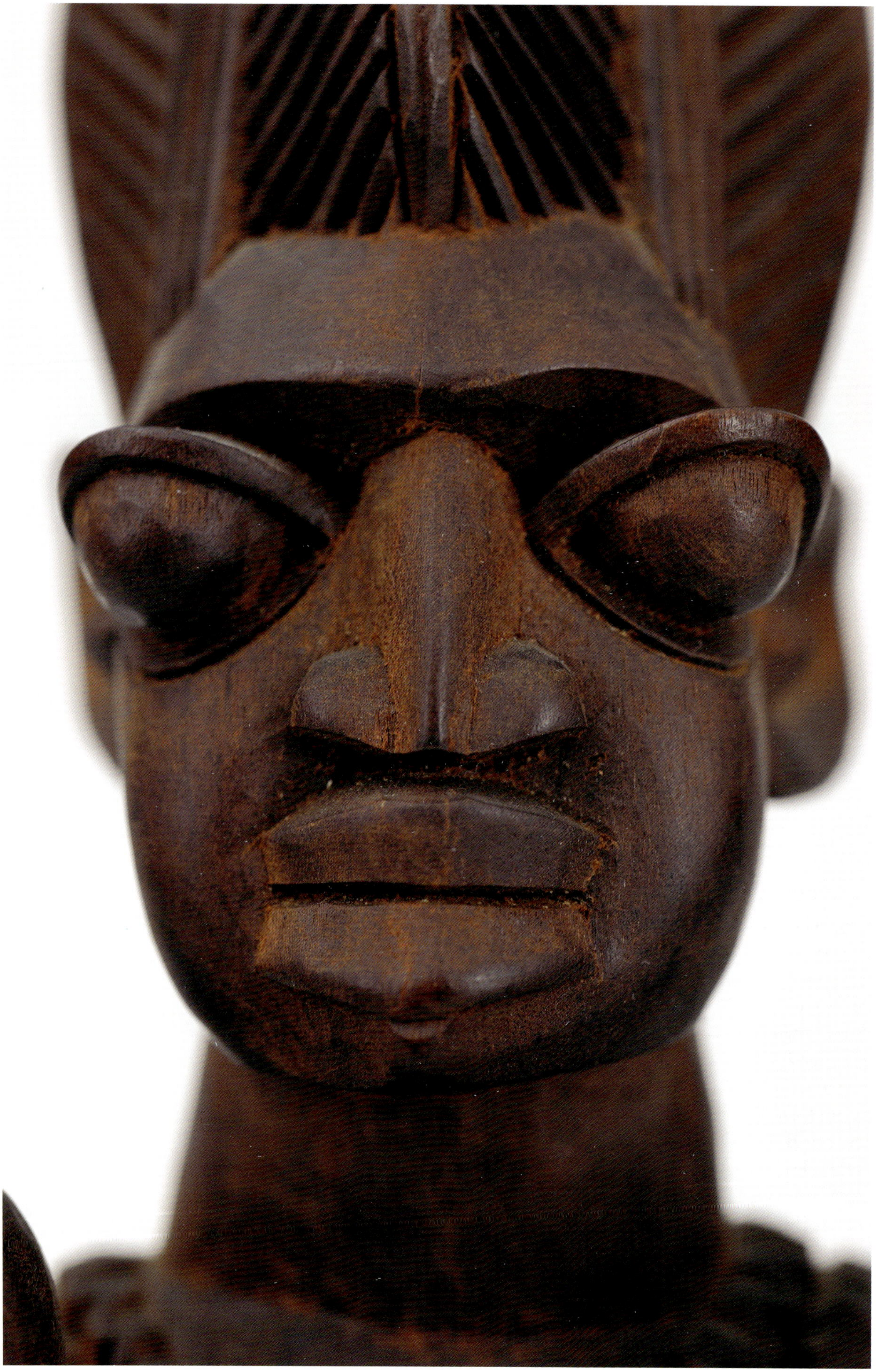

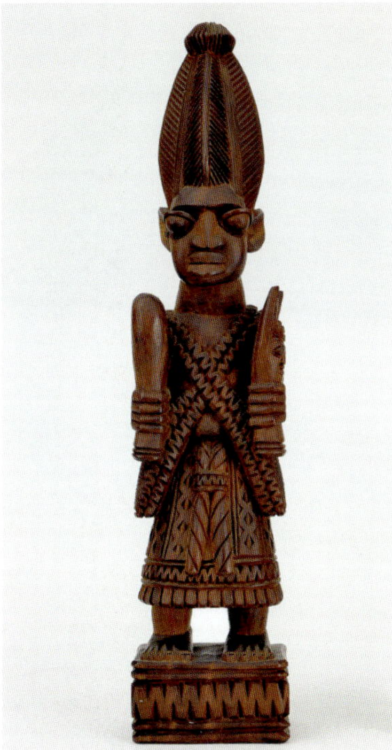
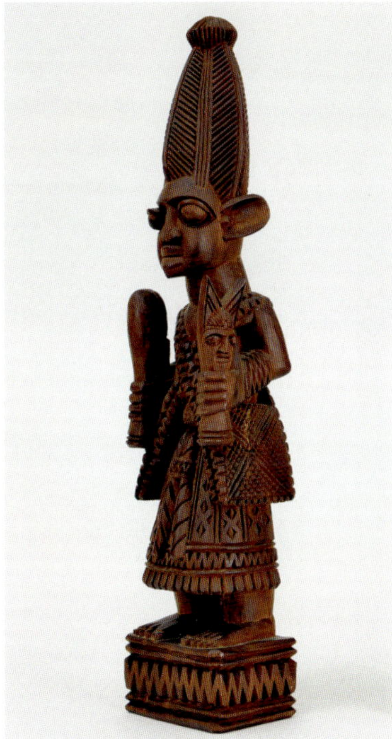
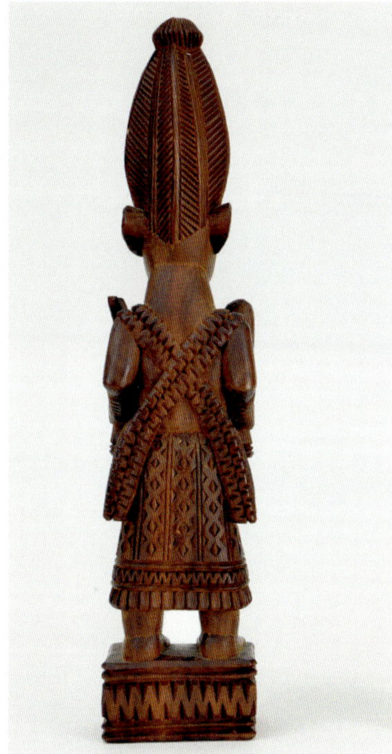

5. STATUETTE EINES SCHANGO-PRIESTERS

Inv.-Nr.: V4772
Sammlung Scheideler, West- und Zentralafrika
Künstler: Gani Fakeye
Material: Holz, dunkel holzfarben lasiert
Maße: H. 40,5 cm, B. 8,5 cm, T. (Sockel) 6,5 cm
Zustand: sehr gut
Erwerbsort: Lagos, Nigeria
Datierung: 1960/70er Jahre

Die beiden Holzskulpturen wurden dem Sammler anlässlich seines Geburtstages von Kollegen der deutschen Botschaft in Lagos geschenkt und sind daher spätestens in den frühen 1970er Jahren entstanden. Im Gegensatz zu den übrigen Objekten aus der Sammlung Scheideler tragen sie die Namen ihrer Hersteller, die auf der Unterseite der Sockel eingraviert sind. Beide waren Verwandte und Lehrlinge des schon damals international bekannten Künstlers Lamidi Fakeye (1925–2009)[87]: Gani Fakeye (1941–2003)[88] und Bisi Fakeye (1942–2017)[89] (Abb. 10–11). Vor allem letzterer sollte es in den folgenden Jahrzehnten zu einem vergleichbaren Renommee bringen. Nachdem Bisi Fakeye am 8. Oktober 2017 in Lagos verstorben war, widmete ihm sogar *The Guardian Nigeria* einen Nachruf, in dem er als einer der letzten großen Vertreter seiner Familie gewürdigt wird, die im Laufe von fünf Generationen zahlreiche Künstler hervorgebracht hatte.[90]
Die von Bisi Fakeye geschnitzte 38,5 cm hohe Figur zeigt eine kniende Frau mit auffälliger Frisur und entblößtem Oberkörper: eine Anbeterin des Gottes Schango. Vergleichbare Figuren einer knienden Anbeterin finden wir bis heute auf seinen Altären und auf den Tanzstäben, die bei religiösen Feierlichkeiten zu Ehren der Gottheit getragen werden.[91] Einen solchen hält die von Gani geschnitzte 40,5 cm hohe Figur in ihrer linken Hand, die einen aufrecht stehenden Priester Schangos in prächtigem Gewande und mit den wichtigsten Insignien seiner Religion darstellt.[92]
Schango ist einer der wichtigsten Götter der nigerianischen Yoruba, einer Ethnie, der auch die Fakeye-Familie zugerechnet wird. Er gebietet über Blitz und Donner und ist

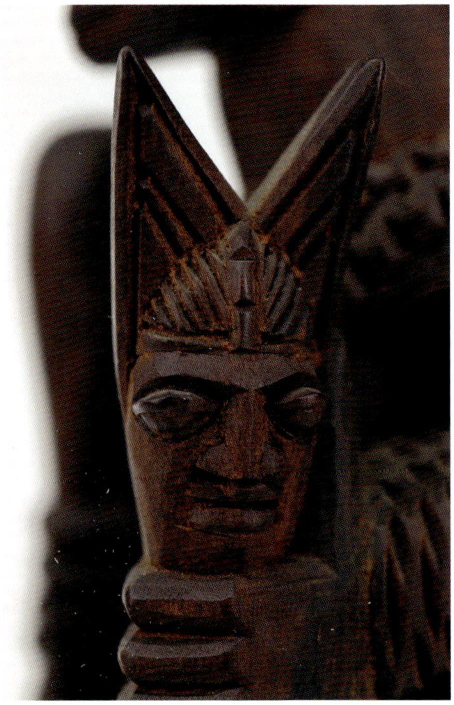

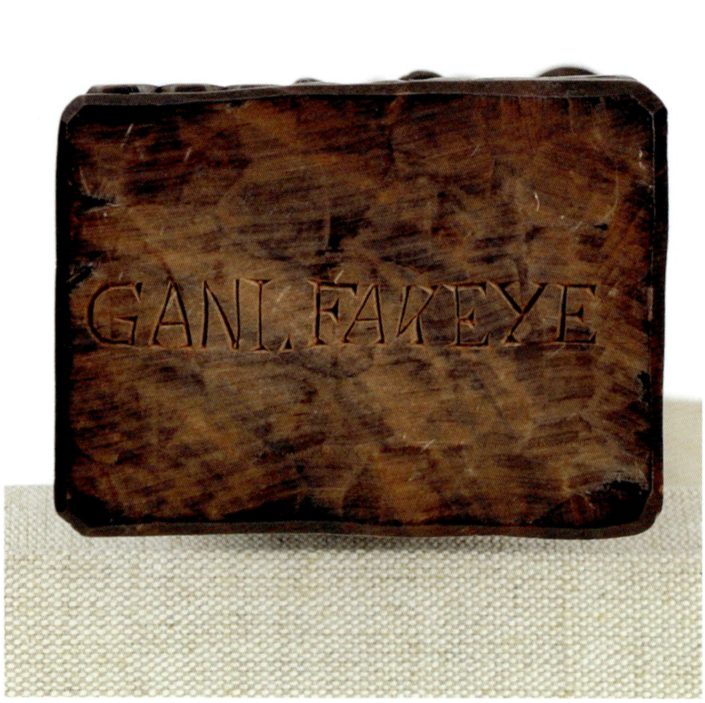

historisch eng mit dem vorkolonialen Oyo-Reich verbunden, dessen Expansion in der zweiten Hälfte des 19. Jh. ihren Höhepunkt erreichte. Schango gilt als Schutzherr des Alaafin, des Herrschers von Oyo, und soll diese Position selbst bekleidet haben, ehe er verstarb und als Gott in den Himmel aufstieg. Eine Version seiner Gottwerdung besagt, er habe sich erhängt, nachdem seine eigenen Untertanen ihn als intriganten Tyrannen durchschaut und vertrieben hatten. Andere bestreiten vehement die These vom Selbstmord.[93]

DER STIL DES „IDEALISIERTEN NATURALISMUS"

Die Gestaltung der Skulpturen entspricht ganz dem, was Aderonke Adesola Adesanya als „the Yoruba classic model" zur Darstellung des menschlichen Körpers bezeichnet. Dabei orientiert sich der Schnitzer an den in seiner Gesellschaft dominanten Vorstellungen von Schönheit, so dass die Skulpturen stets junge, körperlich gesunde Menschen zeigen. Wo ein gehobenes Alter angedeutet wird, geschieht dies durch die Darstellung in bestimmten sozialen Rollen, wie der des Herrschers, des Priesters oder der Mutter. Doch werden keine körperlichen Gebrechen abgebildet und schon gar nicht das Fehlen ganzer Körperteile. Vielmehr muss deren Vollständigkeit betont werden, indem alle für wichtig erachteten Elemente sichtbar herausgearbeitet werden: Haare, Augenlider, Nasen und Nasenflügel, Hände, Finger, Fingernägel und Zehen. Was auf diese Weise geschaffen wird, soll kein naturalistisches Portrait sein. Vielmehr haben wir es mit einer generischen Form zu tun, die in der idealisierten Abbildung aller für wesentlich erachteten Körperteile besteht. Laut Adesanya könnte man von „idealized naturalism" sprechen. Die Abbildung eines idealen Äußeren erscheint umso wichtiger, als nach den Vorstellungen der Yoruba das Aussehen einer Person Rückschlüsse auf ihren Charakter und das ihr innewohnende Potential zulässt.[94]

Nach Babatunde Lawal ist diese Art der Stilisierung zwar nur eine von mehreren bei den Yoruba üblichen Darstellungsweisen des menschlichen Körpers. Aber es ist diejenige, die bevorzugt bei Göttern und vergöttlichten Ahnen zur Anwendung kommt. Für gewöhnlich verfügen diese über gar keinen Körper, außer wenn sie sich vorübergehend unter die Menschen begeben. So wird der blitzschleudernde Schango durch einen auf dem Altar

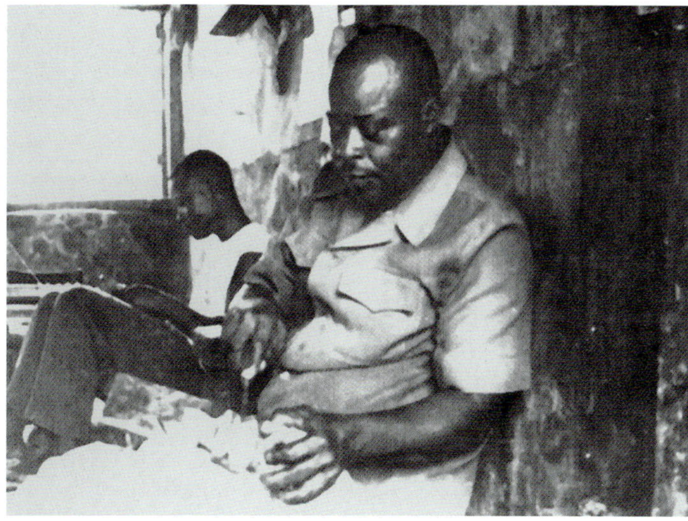

Abb. 10: Gani Fakeye bei der Arbeit, 1996.

liegenden Donnerkeil symbolisiert, wie ihn auch der von Gani Fakeye geschnitzte Priester in seiner rechten Hand hält. Wird seinesgleichen jedoch als Mensch dargestellt, muss die gesamte Erscheinung selbstverständlich perfekt sein.[95]
Im Falle Bisis, dessen künstlerische Laufbahn von einer Reihe stilistischer Brüche geprägt war, werden solch traditionell anmutende Skulpturen v. a. mit seiner frühen Schaffensphase in den 1960/70er Jahren assoziiert. Im Zuge ihrer Lehre bei Lamidi hatten er und Gani das Schnitzen nämlich anhand des Kopierens älterer Werke gelernt. Deren erfolgreiche Reproduktion und nicht die Emanzipation von überkommenen Stilen und Inhalten wurde hierbei als Ausweis des eigenen Könnens verstanden.[96] Erst im Zuge seiner in den späten 1970er Jahren beginnenden Tätigkeit an den *Universal Studios of Arts* in Lagos fand Bisi den Kontakt zu akademisch ausgebildeten Künstlern, deren gänzlich anders geartete Einstellung zur Kunst er sich zu eigen machte. Während die kleine Figur der Schango-Verehrerin längst das „kleine Afrikamuseum“ ihres Sammlers zierte, widmete sich Bisi dem Streben nach Originalität und der Suche nach einer eigenen unverwechselbaren künstlerischen Identität. Was nun entstand, konnte sich deutlich von seinen früheren Werken unterscheiden. An die Stelle religiöser Stile und Motive der Yoruba traten beispielsweise abstrakte Kreationen mit gesellschaftskritischer Bedeutung. Es waren gerade diese jüngeren Werke, mit denen Bisi Fakeye international erfolgreich war. Sie brachten ihm aber auch den Tadel von so manchen seiner nigerianischen Zeitgenossen ein, denen die Schango-Verehrerin sicher besser gefallen hätte.[97]

DIE RELIGIÖSE SYMBOLIK DER SCHANGO-ANBETERIN

Bisi Fakeyes Skulptur einer Anbeterin Schangos, die wie erwähnt als typisch für seine frühe Schaffensphase gelten kann, gleicht den Figuren auf den Tanzstäben der Gläubigen. Mit diesen teilt sie die aufwändige Frisur, den großen Kopf, die kniende Haltung, die auffällig präsentierten Brüste und die Darstellung von Schmuck und Schmucknarben. Wie der Stil des „idealisierten Naturalismus“ haben die Einzelelemente eine religiöse Bedeutung und können auf Aspekte der Gottheit und ihrer Verehrer verweisen.
Die Gestaltung der hochstehenden Frisur entspricht dem mit Schango assoziierten Doppelaxtmotiv, einer stilisierten Darstellung zweier zusammengefasster steinzeitlicher Faustkeile. Wenn derartige Steine nämlich nach einem Gewitter gefunden werden, gelten sie als von Schango geschleuderte Donnerkeile und werden auf seinen Altären aufbewahrt.[98]
Die Überproportionierung des Kopfes, auf dem diese Prachtfrisur ruht, gilt als typisches Merkmal afrikanischer Skulpturen. Europäische Beobachter, die hierfür von den Schnitzern eine Erklärung hören wollten, wurden zwar in ihrer Hoffnung auf eine einfache Antwort enttäuscht.[99] Allerdings bietet Babatunde Lawal eine Begründung, die von den konkreten religiösen Vorstellungen der Yoruba ausgeht: Für diese gilt der Kopf nämlich als der wichtigste Teil des Körpers, nicht nur in physischer, sondern auch in metaphysischer Hinsicht. So ist er nicht nur der Träger lebenswichtiger Organe und im Gegensatz zu anderen Körperteilen unverzichtbar – der für uns sichtbare äußere Kopf enthält einen unsichtbaren inneren Kopf, durch den das Potential eines Individuums maßgeblich bestimmt

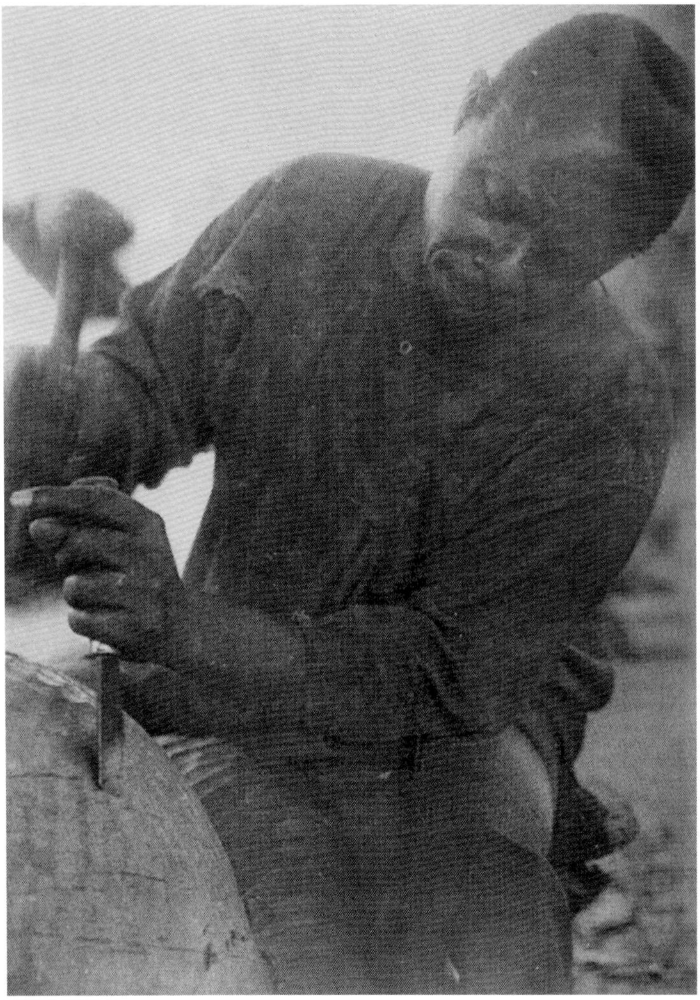

Abb. 11: Bisi Fakeye bei der Arbeit, 1997.

wird. Laut Yoruba-Mythologie wird dieser von jedem Menschen vor seiner Geburt selbst ausgesucht. Wer bei der Wahl eine gute Hand hatte, bekommt das Potential zu Erfolg und Reichtum, was auf Erden allerdings durch harte Arbeit realisiert werden muss. Wer daneben greift, kann hingegen nur noch hoffen, die negativen Folgen für die Dauer seines Lebens mit speziellen Ritualen zu minimieren. Ferner gilt: Was Olodumare, der höchste Schöpfergott, für die Welt darstellt, ist der Kopf für den einzelnen Menschen. Er nimmt den höchsten Platz ein, koordiniert und steht am Anfang der Existenz, da der Kopf bei der Geburt als erstes zum Vorschein kommt. Ihm widmet sich Obatala, der für die Formung der menschlichen Körper zuständige Gott, als erstes. Dementsprechend beginnt auch der Schnitzer sein Werk mit dem Haupt der Skulptur und ordnet ihm den Rest des Körpers sichtbar unter. Die für uns auffälligen Größenverhältnisse sind folglich nicht das Ergebnis eines Fehlers oder rein ästhetischer Überlegungen, sondern haben ihre Wurzeln in der Mythologie und dem Menschenbild der Yoruba.[100]

Gleiches gilt für die erotische Qualität der Figur, die an bekannte Statuen der antiken Liebesgöttin Aphrodite / Venus erinnert. Jedoch besteht ein gewichtiger Unterschied zwischen diesen und der Schango-Verehrerin. Wann immer Aphrodite oder Venus mit entblößtem (Ober-)Körper dargestellt wurde, scheint sie sich ihres Betrachters entweder nicht bewusst zu sein, oder sie bemüht sich um eine Bedeckung ihrer weiblichen Reize und wendet den Blick ab. Ganz anders verhält sich die resolut vorausblickende Schango-Verehrerin, die ihre Brüste nicht nur nicht zu bedecken sucht, sondern sie dem Betrachter mit beiden Händen demonstrativ entgegenstreckt. Nach Adesanya stellt dies aber keinen Versuch einer Provokation da. Gepaart mit der knienden Haltung der Skulptur handelt es sich vielmehr um eine emphatische Geste der Unterwerfung, von der man sich eine Besänftigung des Blitz und Donner schleudernden Gottes erhofft. Diese Fähigkeit zur Beeinflussung eines überlegenen Gegenübers unter Zuhilfenahme erotischer Reize – was Adesanya mit der Formel „She stoops to conquer" kommentiert – gilt als besondere Fähigkeit der Frauen. Mythologisches Vorbild könnte Oya sein, eine mit Schango verheiratete Flussgöttin, der man einen mäßigenden Einfluss auf ihren feurigen Gatten zuschreibt und die ebenfalls mit solchen Posen in Verbindung gebracht wird. Die mit den Händen ausgestreckten Brüste werden ferner mit der Rolle der Frau als Ernährerin der Kinder assoziiert und sind Ausdruck einer Bereitschaft zur selbstlosen Aufopferung. Bezeichnenderweise können sich auch männliche Verehrer des Gottes bei religiösen Zeremonien als Frauen verkleiden.[101]
Auf den Wangen der Skulptur sind senkrechte, sich zu beiden Enden hin verengende Linien eingraviert, bei denen es sich um Darstellungen von Schmucknarben handelt. Auch trägt die Figur ein rautenförmiges Amulett mit Rhomben-Muster um den Hals

und Armreife an den Unterarmen. Um die Schönheit seiner Skulptur zu steigern, greift der Schnitzer nämlich auf dieselben Methoden zurück, die in seiner Kultur für die Verschönerung von Menschen üblich sind. In Anlehnung an Schmucknarben oder Perlenketten verziert er sein Werk mit deutlich erkennbaren Linien und Linienmustern. Diese finden sich auch am Sockel der Figur und werden einem ästhetischen Bedürfnis nach einem Gleichgewicht zwischen glatten und gemusterten Oberflächen gerecht.[102] Die Darstellung einer um den Bauch der Figur gewickelten Perlenkette könnte ein Verweis auf die Jungfräulichkeit ihrer Trägerin sein.[103]

DIE RELIGIÖSE SYMBOLIK DES SCHANGO-PRIESTERS

Auffälligstes Merkmal des aufrechtstehenden Mannes im prächtigen Gewande ist seine hochragende, regelrecht phallisch anmutende Frisur. Sie ist ein Verweis auf die göttliche Energie, die den Träger durchströmt. Uns erscheint er im wahrsten Sinne des Wortes wie vom Blitz getroffen.[104] Dass es sich bei ihm um einen Priester Schangos handelt, verraten uns die Insignien in seinen Händen. In seiner Rechten sehen wir einen Donnerkeil zur Verdeutlichung der Präsenz des körperlosen Gottes, wie sie auf den Altären Schangos aufbewahrt werden. Als solche können steinzeitliche Faustkeile dienen, wenn sie nach einem Gewitter gefunden wurden und deshalb als vom Gott geschleudert gelten.[105] Ihre Entdeckung muss nach Gabrielle Weisser nicht zufällig geschehen, denn „(w)enn ein Haus vom Blitz getroffen wurde, mußte es von initiierten Shango-Priestern gereinigt werden. Hierbei wurde stets ein zuvor deponierter Donnerkeil ausgegraben, der als Zeichen von Shangos Zorn galt. (…) In Shango-Schreinen werden die Donnerkeile in einer Schale aufbewahrt“.[106]

In der Linken hält der Priester einen als *Oshe Schango* bezeichneten Tanzstab, der als Schangos wichtigstes Symbol gilt. Oft wird dieser durch eine kniende Frauengestalt gekrönt, vergleichbar der von Bisi geschnitzten Schango-Verehrerin. Doch ist sie hier auf Kopf und Haare reduziert, bei deren Doppelaxtfrisur es sich abermals um eine stilisierte Darstellung zweier zusammengefasster Donnerkeile handelt.[107] Nach Lawal Babatunde steht dieses Motiv für die ambivalente Natur des Gottes: Er kann sowohl gewalttätig und unberechenbar als auch großzügig sein.[108] Für Stephen Folaranmi verweist es hingegen darauf, dass Schangos Stärke in verschiedene Richtungen wirken kann: Niemand ist vor seinem Zugriff geschützt![109] Bei den Yoruba gilt der Tanzstab vom Moment seiner Fertigstellung an als ein machtgeladenes Objekt.[110] Wird er am Eingang zu einem Hof aufgehängt, bedeutet dies, dass ungebetene Besucher vom Blitz getroffen werden. Wer auf einen Tanzstab schwört, aber sein Versprechen bricht, riskiert ebenfalls auf diese Weise zur Rechenschaft gezogen zu werden. Über der Haustür angebracht, hat der Stab eine schützende Funktion: Er bewahrt die Bewohner vor Dieben, bösen Geistern und natürlich vor dem Blitzeinschlag.[111]

Über die Schultern geschlungen trägt die Figur zwei Taschen, deren Trageriemen sich vor ihrer Brust kreuzen. Hierbei handelt es sich um Darstellungen der als *Laba Schango* bezeichneten Ledertaschen, die jeder Schango-Priester anlässlich seiner Weihe erhält und die ihm zur Aufbewahrung wichtiger Kultgegenstände dienen. Wird sie nicht gebraucht, wird sie hinter dem Schrein der Gottheit aufgehängt.[112]

ASPEKTE DER HERSTELLUNG UND DES VERTRIEBS ALS SOUVENIRSTÜCKE

Trotz der beschriebenen Stilistik und Ikonographie handelt es sich bei den beiden hölzernen Statuetten nicht um religiöse Kunst, sondern um Kunst unter Rückgriff auf deren Formen. Diese Eigenschaft teilen sie mit den oben besprochenen, anonym geblieben Souvenirstücken. Dass ausländische Reisende und nicht der einheimische Schango-Verehrer als Käufer anvisiert wurden, lässt sich nach Adesanya an ihrem Format ablesen.

So schreibt sie über ihre Eindrücke beim Besuch der Werkstätten von Gani Fakeye und anderen Angehörigen seiner Familie: „When I visited their individual workshops at different times I realized that most of them had turned to making portable carvings which I believe were modified, mostly scaled down for the tourist market."[113] So sind beide Fakeye-Figuren in gut transportablem Format und bezeichnenderweise befindet sich die kniende Schango-Verehrerin nicht auf einem Tanzstab, sondern wie die Figur des Priesters auf einem dekorativen Sockel.
Im Gegensatz zu den anderen drei Skulpturen der Sammlung finden sich auf diesen beiden Stücken jedoch keinerlei nachgebildete Alters- und Gebrauchsspuren. Als Werke zeitgenössischer Schnitzer mit dem bekannten Namen „Fakeye" mussten sie offenbar nicht den Eindruck erwecken alt zu sein, um als wertvoll und schön zu gelten. So lesen wir in einem 2006 erschienen Presseartikel über den Handel mit afrikanischen Antiquitäten von „Skulpturen im alten Stil, z. B. signierte Ibejis des nigerianischen Schnitzers Bisi Fakeye aus den 70er und 80er Jahren, die sich durch hohe handwerkliche Fertigkeit und Ästhetik auszeichnen und, ehrlich ausgewiesen als zeitgenössische Erzeugnisse, auch einen angemessenen Preis erzielen."[114]
Die Signaturen in den Sockeln der Skulpturen haben deren Wert demnach deutlich gesteigert und sie nachhaltig abgegrenzt von der als „Airport Art" bezeichneten anonymen Massenware. Dementsprechend wird der Verkauf der beiden Figuren auch nicht über dieselben Straßenmärkte und Hausa-Händler erfolgt sein, von denen Scheideler seine Stücke zu kaufen pflegte. Vermutlich wurde die Transaktion über eine elegante Galerie abgewickelt, deren „Galerieaura" den Kunstwert und die Exklusivität beider Skulpturen unterstrichen hätte. Nur in einem derartigen Rahmen präsentiert wären sie den Angestellten der deutschen Botschaft als würdiges Geburtstagsgeschenk für einen geschätzten Kollegen erschienen.[115]

Anmerkungen:

87 In seiner 1973 erschienenen Monographie kannte Marshall Ward Mount Lamidi Fakeye bereits als „one of the most skilled of today's Yoruba carvers". Seine künstlerische Laufbahn hatte um 1949 an der Werkstatt der von Father Carroll geleiteten Katholischen Mission in Oye-Ekiti begonnen. Zu den berühmtesten Beispielen von Lamidis Kunst gehören seine Kirchenreliefs mit biblischen Szenen, gestaltet unter Rückgriff auf indigene Stile. Seit 1966 war Lamidi als Lehrer in universitären Kontexten tätig, zuerst an der *Western Michigan University* in Kalamasoo, dann an der *Obafemi Awolowo University* in Ilé-Ifé. Siehe Adesanya 2012, v. a. S. 216–236; Mount 1973, S. 33–38.

88 Gani Fakeye, der 1941 geborene Bruder von Lamidi Fakeye, ging bei diesem in die Lehre und arbeitete auch danach immer wieder an dessen Seite. Dabei gelang es ihm, sich eine eigene Kundschaft aufzubauen, so dass er sich mit einem eigenen Atelier in Inalende etablieren konnte. Dieses betrieb er bis zu seinem Tode im Jahre 2003 gemeinsam mit seinem Sohn Azeez, der sich dann allerdings von der Tätigkeit des Schnitzers abgewandte. Adesanya 2012, v. a. S. 250–253.

89 Der 1942 geborene Bisi Fakeye ging bei seinem Onkel Lamidi in die Lehre und absolvierte zusätzlich eine Ausbildung zum Kunstlehrer. 1968 konnte er sich in der nigerianischen Hauptstadt Lagos mit einem eigenen Atelier einrichten. Sein Durchbruch zur Berühmtheit erfolgte ab 1977, als im Rahmen der Vorbereitungen für das *African Regional Festival of Arts and Culture* Gbenga

Shonuga, der Leiter des *Lagos State Council of Arts and Culture*, auf ihn aufmerksam wurde. Im Folgejahr wurde ihm ein Werkraum im *National Theater of Arts* in Lagos zugeteilt, den späteren *Universal Studios of Arts*. In den 1980ern bereiste Bisi Deutschland auf Einladung des *Goethe-Instituts* in Lagos. Ausstellungen seiner Werke fanden hierzulande, in Pakistan, Kuba und den USA statt. 1983 oblag ihm die Gestaltung der Tür für die nigerianische Botschaft in Rom. Adesanya 2012, v. a. S. 257–260; Edewor 2014.

90 Sowole 2017.

91 Vgl. z. B. die zahlreichen Abbildungen in Eisenhofer 1997, S. 206–213.

92 Vergleichsstücke und Erläuterungen finden sich z. B. bei Adesanya 2012, S. 241–244.

93 Zur Mythologie und Bedeutung Schangos siehe z. B. Akinyemi 2009.

94 Adesanya 2012, S. 280–295.

95 Lawal 1985, S. 95–98.

96 Adesanya 2012, v. a. S. 257 f.; Edewor 2014, v. a. S. 2228–2233.

97 Adesanya 2012, S. 258–260; Edewor 2014, v. a. S. 2234–2239. Allgemeines zum Einfluss akademischer Bildung auf das Selbstverständnis und das Schaffen afrikanischer Künstler bei Kasfir 1999, S. 124–135. Während sein internationales Publikum Bisi Fakeyes künstlerische Experimente zu schätzen lernte und diese sogar von ihm erwartete, haben andere ihr Bedauern über seinen Werdegang nach 1977 ausgedrückt. Beispielsweise klagen die nigerianischen Kunsthistoriker Makinde und Aremu: „We have famous wood carvers in Nigeria; some of which are Bisi Fakeye (…) and many other traditional wood carvers all in Yoruba land. They started their career on a traditional platform, but later they yielded to external influences, thus their visual representations began to give way. Their arts, like other aspects of traditional culture, prove to be adaptable, adjusting to new ideas and new forms." Am Ende ihres Aufsatzes äußern sie die Hoffnung „that in another century we would still have our art tradition sustained, and the artists themselves would have something to lean on for aspirations. With all these assumptions, credible Nigerian visual representations devoid of major foreign influence, is still attainable." Makinde und Aremu 2014, S. 37 u. 40.

98 Lawal 1981, S. 92.

99 So schreibt Hans Himmelheber, der selbst zahlreiche Feldforschungen in Afrika betrieben hat: „Fragen wir die Neger-Künstler selbst, weshalb sie ihre Figuren so vom natürlichen Vorbild abweichend gestalten, so verstehen sie uns nicht. Sie sagen: ‚Das gehört doch so' oder: ‚Die Beine länger machen? Das wäre nicht schön!'" Himmelheber 1960b, S. 54.

100 Lawal 1985, v. a. S. 91–92 u. 101 f.; Lawal 2012, S. 28–31.

101 Adesanya 2012, S. 104–110.

102 Adesanya 2012, S. 297–299.

103 Folaranmi 2009, S. 168.

104 Adesanya 2012, S. 243; Lawal 1985, S. 102.

105 Lawal 1981, S. 92.

106 Weisser 1997, S. 204.

107 Folaranmi 2009, S. 163–169; Adesanya 2012, S. 104.

108 Lawal 1981, S. 92.

109 Folaranmi 2009, S. 163 f.

110 Folaranmi 2009, S. 169.

111 Lawal 1981, S. 92.

112 Houlberg 1981, S. 106 f. Eine ausführliche Besprechung dieses Kultobjekts und seiner Gestaltung bieten Wescott und Morton-Williams 1962.

113 Adesanya 2012, S. 268.

114 Peus 2006.

115 Zur Bedeutung von Signatur und Galerieaura siehe auch: Kasfir 1999, S. 131 f.

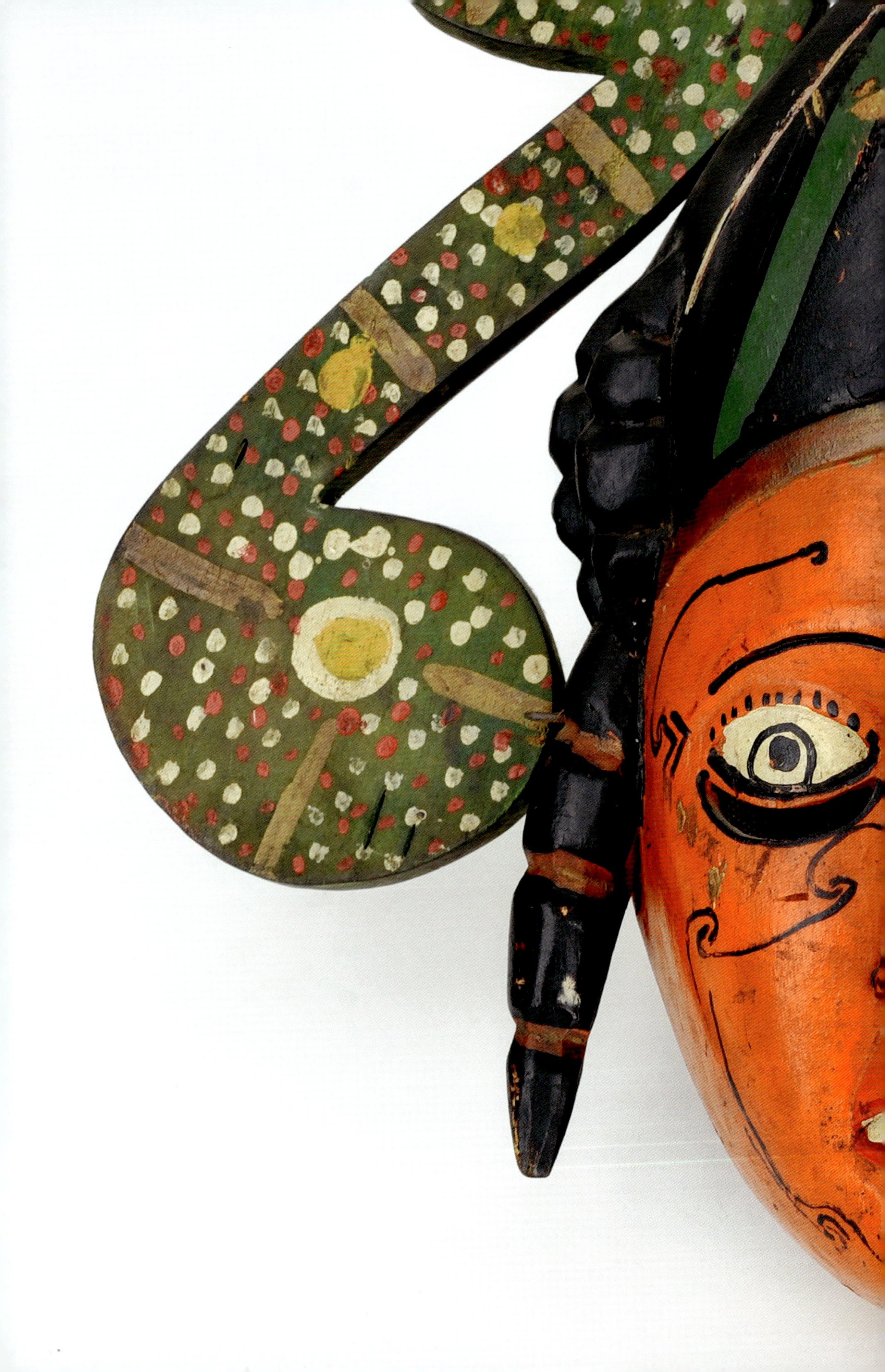

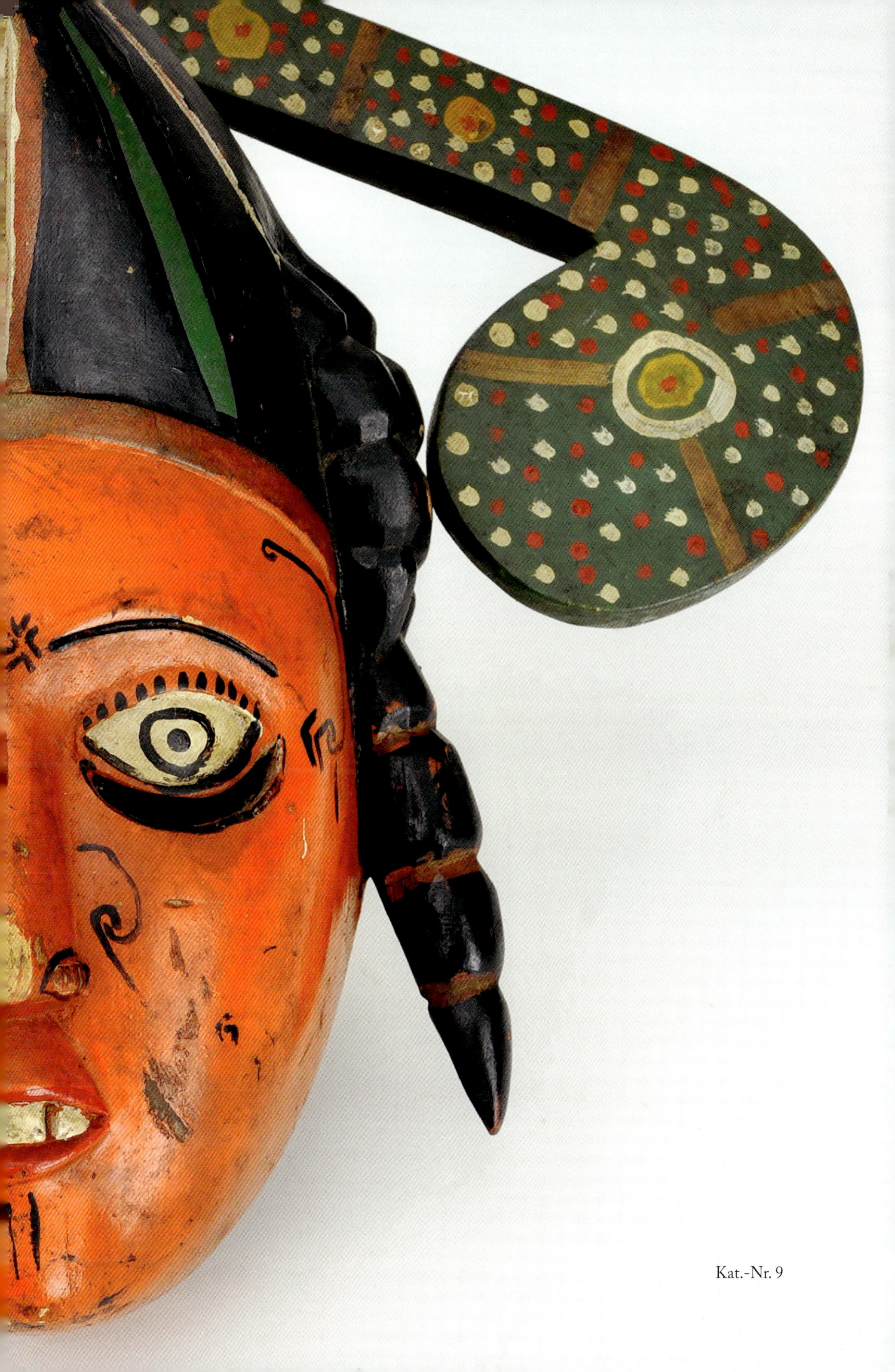

Kat.-Nr. 9

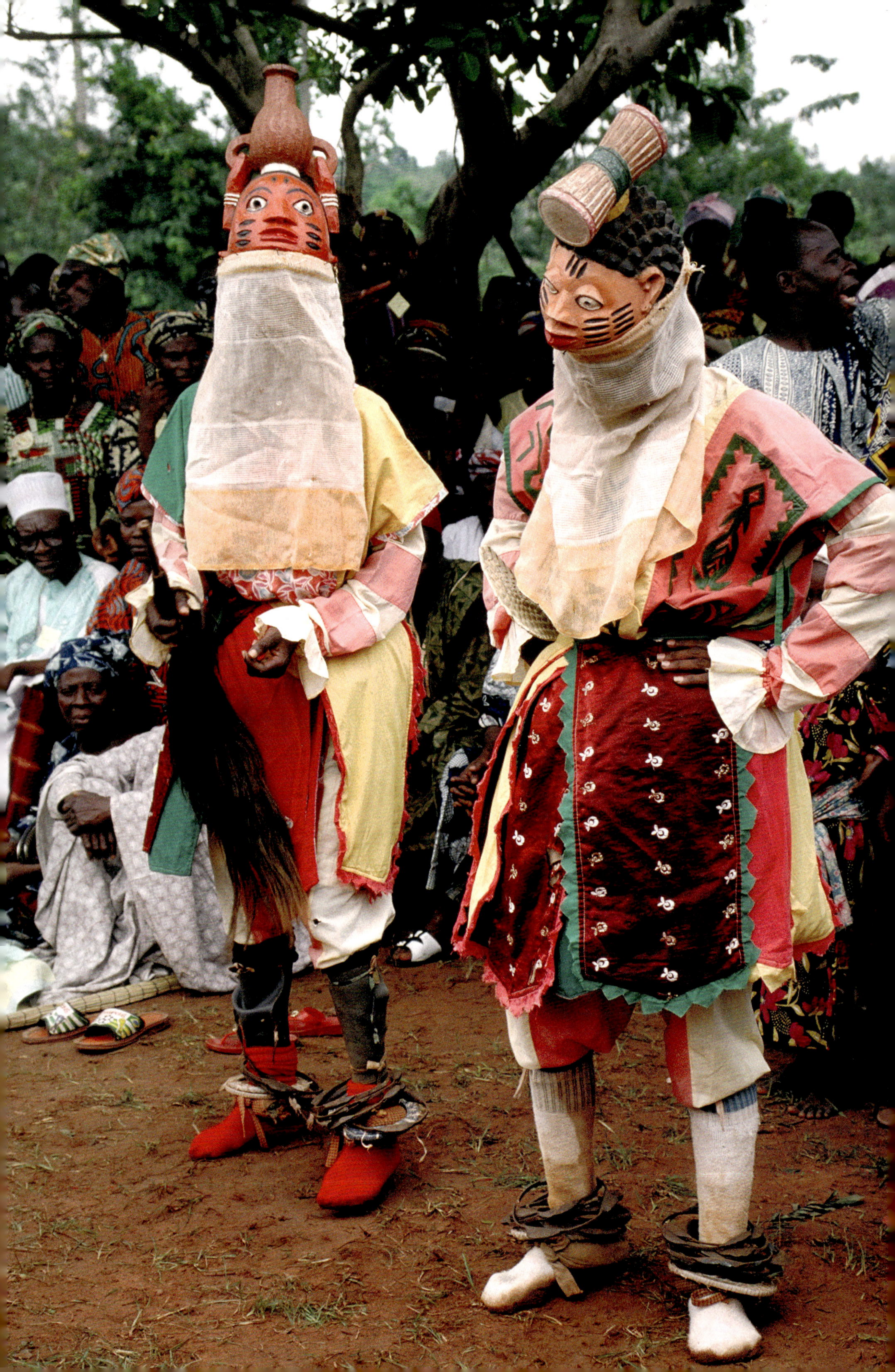

II. DIE MASKEN AUS DER SAMMLUNG SCHEIDELER

Neben den fünf Holz- und Messingskulpturen stiftete Karl-Josef Scheideler dem *Lippischen Landesmuseum* zehn hölzerne Masken aus verschiedenen Regionen West- und Zentralafrikas. In ihren ursprünglichen Kontexten sind derartige Objekte bis heute ein integraler Bestandteil des Kostüms, das im Rahmen religiöser Riten zur Verkörperung übermenschlicher Wesen getragen wird. Die meisten der hier vorgestellten Exemplare hat man allerdings nie zu diesem Zweck benutzt. Wie im Falle der Skulpturen haben wir es mit Souvenirstücken zu tun, die für ausländische Käufer angefertigt wurden und bekannten, teils historischen Vorbildern nachempfunden sind. Nur bei zwei Masken kann mit Sicherheit von einer Verwendung im Rahmen ritueller Kontexte ausgegangen werden: den beiden *Mfon Ekpo*-Masken aus Nigeria. Vor allem mit Blick auf ihre Bemalung bieten sie uns ein wertvolles Beispiel für die Gestaltung derartiger Objekte in den 1960/70er Jahren, wenn diese nicht mit Blick auf westliche Käufer und ihre Vorlieben erfolgte. Eine gesicherte Zuordnung zur Kategorie der rituell genutzten Masken oder zu den Souvenirstücken ist aber nicht für jedes Stück möglich, besonders wenn es sich bei den potentiellen Vorbildern um zeitgenössisch genutzte Exemplare handelt. Die Geschichte der Objekte vor dem Erwerb durch Scheideler ist schließlich nicht bekannt und scheinbare Alters- und Gebrauchsspuren können stets das Ergebnis bewusster Bearbeitung sein.[116]

WAS IST EINE AFRIKANISCHE MASKE?

Die allgemein als „afrikanische Masken“ bezeichneten Objekte haben ihre Wurzeln in den religiösen Traditionen West- und Zentralafrikas.[117] Ausgestellt in der Vitrine eines Museums oder aufgehängt an der heimischen Wohnzimmerwand mögen sie für uns als Europäer zwar über einen hohen ästhetischen Wert verfügen. Sie vermitteln aber nur einen unzureichenden Eindruck von der Verwendung im Rahmen der west- und zentralafrikanischen Kontexte, für die einst entwickelt wurden. So beginnt Hans Himmelheber eine Monographie zu Recht mit der Aufforderung:

> „Die afrikanische Maske muß man sich stets in Verbindung mit einem Kostüm vorstellen, das den Maskenträger von Kopf bis Fuß umhüllt. (…) Wenn die Maske aus dem Busch zum Dorfplatz stapft, dann raschelt und rauscht ihr Bastkleid, aus unzähligen Fasern der Raphiapalme zusammengeknüpft, und fegt bei jedem Schritt schwingend den Boden.“[118] (Abb. 12)

Abb. 12, linke Seite: Zwei Maskenträger in vollem Kostüm. *Gelede*-Maskerade anlässlich der Krönung des Königs von Foudite im westafrikanischen Benin, 1996.

Diese Einheit kommt auch in den afrikanischen Sprachen zum Ausdruck. Laut Herbert Cole lautet der Begriff der nigerianischen Igbo „isi mmuo“ und muss mit „Kopf des Geistes“ übersetzt werden. Er beinhaltet nicht nur die feste Zugehörigkeit des von uns

als „afrikanische Maske" bezeichneten Objekts zu seinem Kostüm, sondern benennt auch die Funktion: Der Träger soll einem höheren Wesen, das von uns als „Geist" bezeichnet wird, die physische Form verleihen.[119] Dabei handelt es sich um einen Akt der Verkörperung, der weit über den der Darstellung hinausgeht, der uns von unseren Theaterbühnen vertraut ist. Nicht nur das äußere Erscheinungsbild wird nämlich verändert, sondern die gesamte Identität des Trägers. In den Worten Himmelhebers: „Er hat jetzt einen neuen Geist, (…) der ihm befiehlt, wie er sich zu bewegen hat und der aus ihm mit einer nicht menschlichen, zwitschernden, krächzenden Stimme spricht."[120]
Diese Transformation wird bis heute erlebt.[121] Eindrücklich schildert ein nigerianischer Soziologie-Student im Jahr 2017, wie aus einem engen Freund und Verwandten der Repräsentant einer höheren Macht werden kann:

> „(W)e notice an obvious change in his countenance even before he puts on the costume. So whatever he says, we believe. I will tell you education has not in anyway affected our belief. He speaks on morality, values, ethics and tradition and he prays for everyone. Indeed, everything about him is very different from his usual personality. So I and others believe, it is the voice of the spirits speaking through him."[122]

Nichts von diesen religiösen Erfahrungen lässt sich durch den Begriff „Maske" erahnen, der uns Europäer an Einbrecher, Theater oder Fasching denken lässt. Laut Cole handelt es sich um „a word and object type that we outsiders impose upon the Igbo (and other Africans)".[123]
Die ersten, die von „afrikanischen Masken" sprachen, waren die europäischen Ethnologen des 19. Jhs., deren Interesse sich noch gänzlich auf den Zweck dieser Objekte richtete und nicht auf Fragen der Ästhetik.[124] Die Bezeichnung hat sich seither in der wissenschaftlichen Literatur aller Kontinente etabliert. Es soll deshalb auch im Folgenden von „Masken" gesprochen werden und von den Trägern als „Maskentänzern".[125] Allerdings darf dabei der Hinweis auf eine weitere begriffliche Unschärfe nicht fehlen: Die so bezeichneten Objekte werden nicht immer vor dem Gesicht getragen. Je nach Art der Positionierung am Kopf sprechen wir von Stülp-, Helm-, Stirn- oder Aufsatzmasken, von denen nicht alle ein menschliches oder tierisches Antlitz zeigen. Kleine Masken oder Masketten können an unterschiedlichen Stellen des Körpers angebracht werden, z. B. als Amulett vor der Brust. Andere wiederum erreichen eine Größe, die die Kraft eines einzelnen Trägers (oder Sammlers) deutlich übersteigen würde: Die nur alle 25 Jahre erscheinende *Ijele*-Maske der Igbo ist bis zu 3 m breit und 6 m hoch.[126]
Die von den Ethnologen als „Masken" bezeichneten Objekte physisch und gedanklich ganz aus ihrem Kostüm herauszulösen und als eigenständige „Kunstwerke" auszustellen, war ein Schritt, der erst von den Händlern und Sammlern im frühen 20. Jh. vollzogen wurde.[127] In ihren Abhandlungen lesen wir begeisterte Sätze wie: „Die Maske möchte ich die fixierte Ekstase nennen, vielleicht auch das immer bereite Mittel, ungeheuer zur Ekstase zu stimulieren, indem das Gesicht der adorierten Gewalt oder des Tiers fixiert da ist."[128] Gerne nutzten Künstler wie Pablo Picasso (1881–1973) und Karl Schmidt-Rottluff (1884–1976) die nach Europa verbrachten Stücke als Quelle der Inspiration und integrierten ihre Formen in die eigenen Malereien und Zeichnungen.[129]
In unserem kulturellen Bewusstsein seither eng mit dem afrikanischen Kontinent verbunden und auch ohne Kostüm ästhetisch und scheinbar komplett, waren Masken in den folgenden Jahrzehnten besonders gut als Souvenirstücke für europäische Reisende geeignet. Das wussten auch die fliegenden Händler, die sie den Mitarbeitern ausländischer Botschaften vor Hotels, Restaurants, auf Straßenmärkten und selbst in den

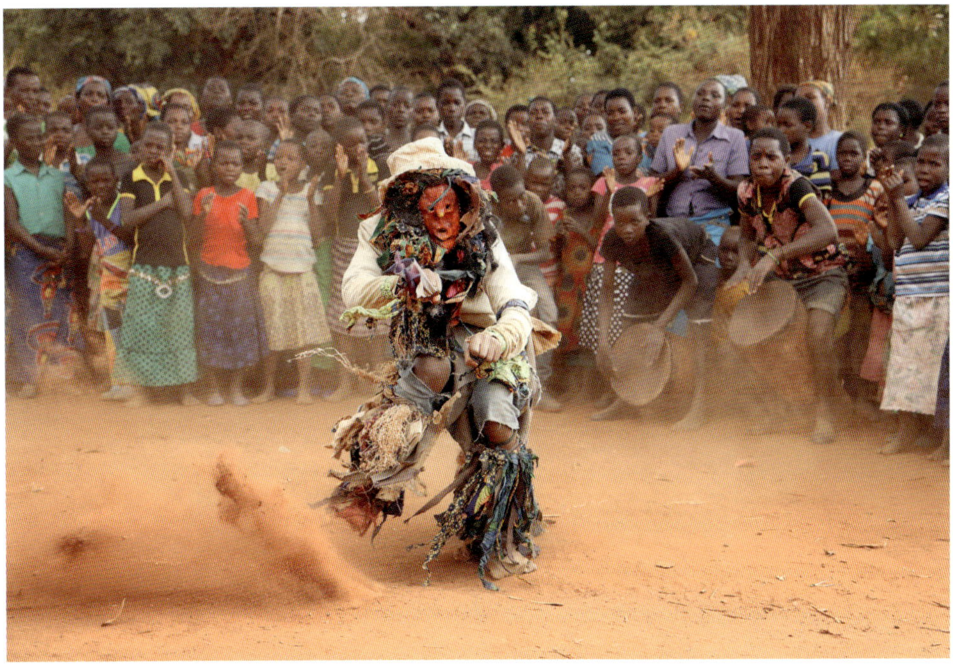

Abb. 13: Lärm und Bewegung. Nyau Tänzer in vollem Kostüm, Ntchisi, Malawi, 2018.

Botschaftsgebäuden zu kleinen Preisen buchstäblich nachtrugen. Scheideler war nicht der einzige, der mit einer entsprechenden Sammlung in die Heimat zurückgekehrt ist.

DIE VERWENDUNG DER MASKEN IN INDIGENEN KONTEXTEN

Zwar stehen allgemeine Aussagen über die Verwendung und Gestaltung von Masken stets unter dem Verdacht der groben Vereinfachung. Doch sind Maskentänzer, oder die von ihnen verkörperten Entitäten, meist Bestandteil feierlich begangener Übergangsriten, wie der vom Kind zum Erwachsenen, vom Leben zum Tod oder von einem Jahr zum nächsten. Sie sind Ausdruck eines Weltbildes, wonach die Menschen an der Seite von übernatürlichen Wesen leben, mit denen sie zu ihrem Nutzen interagieren können. Die Grenze zwischen der irdischen und der überirdischen Sphäre gilt nämlich als durchlässig.[130] Menschen werden nach dem Tode zu mächtigen Ahnengeistern oder, wie im Falle des mythologischen Oyo-Herrschers Schango, selbst zu Göttern. Wenn diese unter die Menschen gehen, können sie ihnen ein zeitloses Vorbild bieten, wie die jungfräulichen Ahninnen der nigerianischen Igbo, oder eine belehrende und beschützende Haltung einnehmen. So begleiten die *Makishi* (Singular: *Likishi*), die Ahnengeister der zentralafrikanischen Chokwe, Kinder auf ihrem Übergang ins Erwachsenenalter. Ähnliches leistet *N'tomo* unter den knapp 5.000 km nordwestlich lebenden Marka Soninke in Mali. Die Geister können aber auch strafend tätig werden, wie der *Ngil*, der noch im frühen 20. Jh. unter den zentralafrikanischen Fang die Verantwortlichen für Schadenszauber zur Rechenschaft zog, oder die *Ekpo* im Südosten Nigerias, die den Beschlüssen des Dorfrats mit der Machete in der Hand Nachdruck verleihen konnten.[131]

Verkörpert werden diese höheren Wesen stets von Menschen, die ihre eigene Identität vorübergehend aufgegeben haben. Sie wird verborgen hinter Masken und Kostümen, Insignien, Geräuschen und Gesten. Den Auftritt darf man sich stets als ein besonderes Ereignis vorstellen. Akrobatik, Musik und die Reaktionen der Anwesenden steigern die Spannung und Ehrfurcht aller Beteiligten (Abb. 13). Im Gegensatz zum europäischen Theater gibt es keine unsichtbare Wand, die Schauspieler und Publikum trennt. Vielmehr ist die Interaktion zwischen den Vertretern der irdischen und der überirdischen Sphäre ein integraler Bestandteil des Geschehens, das einen Dorfplatz in den Mikrokosmos des Universums verwandeln kann. So werden über den konkreten Anlass hinaus

der Zusammenhalt der Gemeinschaft, ihr religiöses Weltbild und ihre Werte durch eine prachtvolle Inszenierung bekräftigt.[132]
In vielen Fällen sind die Maskentänzer Angehörige von gemeinschaftlichen Zusammenschlüssen, die über einen besonders engen Bezug zu den von ihnen verkörperten Entitäten verfügen und die zur ihrer Verkörperung notwendigen Gegenstände aufbewahren. Die Mitgliedschaft in diesen Bünden ist in der Regel den Männern vorbehalten und eine Aufnahme erfolgt nicht ohne Gegenleistung. Es gibt eine interne Rangordnung und Zeremonien, die ihrerseits Anlass für den Auftritt höherer Wesen sein können.[133]
Da sie der Bewältigung lebensweltlicher Realitäten dienen, werden die Maskentänze laufend an diese angepasst. Keinesfalls darf man sie sich als erstarrte Rituale vorstellen, die seit Menschengedenken unverändert aufgeführt werden. Ähnliches gilt für die Gestaltung der Masken und Kostüme, denn auch sie werden immer wieder um neue Formen und Inhalte aktualisiert.[134] Entsprechende Beobachtungen hatte Hans Himmelheber bereits 1965, ein Jahr vor Scheidelers Ankunft in Afrika, formuliert. Die große farbliche, stilistische und ikonographische Diskrepanz zwischen den aus Museen bekannten Exemplaren des 19. und frühen 20. Jhs. und den Masken, deren Entstehung er selbst in den 1960er Jahren beobachten konnte, brachten ihn sogar dazu, von „einem Aufbruch zu einer neuen Phase der Negerkunst“ zu sprechen und für diese den Begriff des Barocks zu erwägen.[135] Die im 20. Jh. entstandenen Stücke, so Ingrid Thurner, „reflektieren die Veränderungen, denen der Kontinent unterliegt. Dies zeigt sich in der Verwendung von neuen Techniken, Werkzeugen, Materialien (wie Aluminium, Kunststoff, Glas, Ölfarben), neuen Formen und Formelementen (etwa Flugzeuge, Fußballspieler, der Präsident als Attribute) und neuen Inhalten (Auftritte bei sportlichen und politischen Veranstaltungen, im Fernsehen). Als „Spiegel der Gesellschaft“ offenbaren sie „die Komplexität heutigen Lebens“ und „den Zusammenprall von traditionellen Lebensformen mit Neuerungen der Moderne.“[136] Wo Masken allerdings explizit für den Verkauf an europäische Abnehmer hergestellt wurden, kann ihre Gestaltung sich, wie im Falle der Skulpturen, an älteren Vorbildern orientieren. Ihr Erscheinungsbild weicht dann deutlich von dem der zeitgenössisch genutzten Ritualmasken ab.

ZUM SEMIOTISCHEN GEHALT DER MASKEN UND MASKENKOSTÜME

Wie im Falle der Skulpturen ist die Gestaltung der Masken, oder der dazugehörigen Kostümelemente, nie willkürlich erfolgt, denn jede Gesellschaft verfügt über einen Bestand an allgemein anerkannten Zeichen zum Verweis auf bestimmte Identitäten und Gemütszustände, wie die Art oder der Zustand der Kleidung, die Frisur oder der Gesichtsausdruck. Derselben Zeichen muss sich auch der Gestalter von Maske und Kostüm bedienen, wenn er möchte, dass ihr Träger als ein höheres Wesen mit spezifischen Eigenarten erkannt wird. Beispielsweise verfügt die *Pwevo-* oder *Mwana Pwevo*-Maske zur Verkörperung eines weiblichen *Likishi* über eine Reihe vertikaler Linien unter den Augen, bei denen es sich um die Darstellung von Tränen handelt. Sie verdeutlichen, dass die verkörperte Persönlichkeit sich in einem Zustand tiefer Rührung befindet. Dass es sich hierbei um eine Frau handeln muss, verrät die zugehörige Perücke, deren Gestaltung dem zu entsprechen hat, was gerade als typisch weibliche Frisur anerkannt wird. Dazu kommen die Imitationen weiblicher Brüste am Kostüm und diverse mit Frauen assoziierte Utensilien in den Händen des Tänzers. Zwar handelt es sich bei diesem stets um einen Mann. Doch alle auf seine wahre Identität verweisenden Zeichen werden unter dem Maskenkostüm verborgen und durch neue ersetzt.[137]
Da die Symbolik durchaus kulturspezifischer sein kann als Tränen, muss nicht jede Maske von Außenstehenden im Sinne der Hersteller richtig gedeutet werden: Beispielsweise mögen die für *Pwevo-* oder *Mwana Pwevo*-Masken typischen angespitzten Zähne auf

einen Zustand der körperlichen Perfektion hinweisen. Sie verdeutlichen, dass nicht nur eine Frau, sondern eine besonders schöne Frau verkörpert wird. Immerhin handelt es sich um eine ideal gedachte Ahnin! Dieselben Masken gewinnen für Europäer aber eine bedrohliche Dimension, denn in ihrer Kultur werden spitze Zähne mit Raubtieren und Vampiren assoziiert.[138]

Durch das einfache Betrachten einer Maske lässt sich ihre Bedeutung folglich nicht erschließen. Vielmehr muss man sich davor hüten, die eigenen Eindrücke vorschnell mit der Absicht des Herstellers zu verwechseln oder mit der Wirkung auf das von ihm intendierte Publikum.[139]

Anmerkungen:

116 Siehe oben, S. 13 f.

117 Eine geographisch präzisere aber unübliche Bezeichnung wäre „Niger-Kongo-Maske“, die nicht von den Staaten, sondern von den gleichnamigen Flüssen ableitet ist, z. B. verwendet von Duerden 2000.

118 Himmelheber 1960a, S. 6.

119 Cole 2013, S. 41.

120 Himmelheber 1960a, S. 6.

121 Nicht bestätigt hat sich die noch zu Herrn Scheidelers Afrikazeit weit verbreitete Befürchtung, dass Islam, Christentum und „westliche Bildung“ die den Maskeraden zugrundeliegenden religiösen Vorstellungen gänzlich verdrängen könnten. Siehe z. B. Adedeji 1972, S. 258.

122 Yejide 2017.

123 Cole 2013, S. 41.

124 So unterscheidet der Ethnologe Richard Andree je nach Aufgabe der verkörperten Entität zwischen „Masken“, die „im Cultus, im Kriege, in der Todtenbestattung, in der Justiz, bei Schauspielen und Tänzen“ Verwendung finden. Andree 1886, S. 477.

125 Zwar riskiert der Begriff des „Tänzers“ und des „Tanzens einer Maske“ europäische Vorstellungen auf afrikanische Praktiken zu übertragen. Doch sind sie dem „Maskenträger“ und dem „Tragen der Maske“ vorzuziehen, da letztere nicht auf die bewegte und bewegende Natur des Ereignisses verweisen können, das dem Außenstehenden in der Tat als Tanz erscheinen könnte.

126 Kecskési und Vajda 1997, S. 14–20; Duerden 2000, S. 29. Speziell zur *Ijele*-Maske: Herbert 2013, S. 54–56.

127 Weiterführend hierzu Errington 1994 und Mark 1999.

128 Einstein 2012, S. 29.

129 Eine Diskussion dieses Vorgangs unter dem Aspekt der kulturellen Aneignung bietet Duerden 2000. Ausführlich hierzu am Beispiel von Karl Schmidt-Rottluff schreibt Remm 2018.

130 Okafor 1991, v. a. S. 40–43; Kecskési und Vajda 1997, S. 24–26.

131 Diese Beispiele werden anhand der entsprechenden Masken im Folgenden weiter ausgeführt.

132 Okafor 1991, v. a. S. 43–49.

133 Kecskési und Vajda 1997, S. 28–31.

134 Olupona 2015, S. 80 f.

135 Himmelheber 1965, S. 118.

136 Thurner 1995/6, S. 226.

137 Im Falle des noch zu besprechenden Exemplars aus der Sammlung Scheideler verfügen wir allerdings nur über die Maske selbst, ohne Perücke, Gewand und sonstige Utensilien.

138 Vgl. hierzu die Argumentation in Pollock 1995, v. a. S. 581–585, sowie die Besprechung der *Pwevo*-Maske aus der Sammlung Scheideler, siehe S. 89 ff.

139 Zu den Problemen der „naiven“ Betrachtung afrikanischer Plastiken siehe Guggeis 1997, S. 345 f.; Willett 2003, S. 130–144.

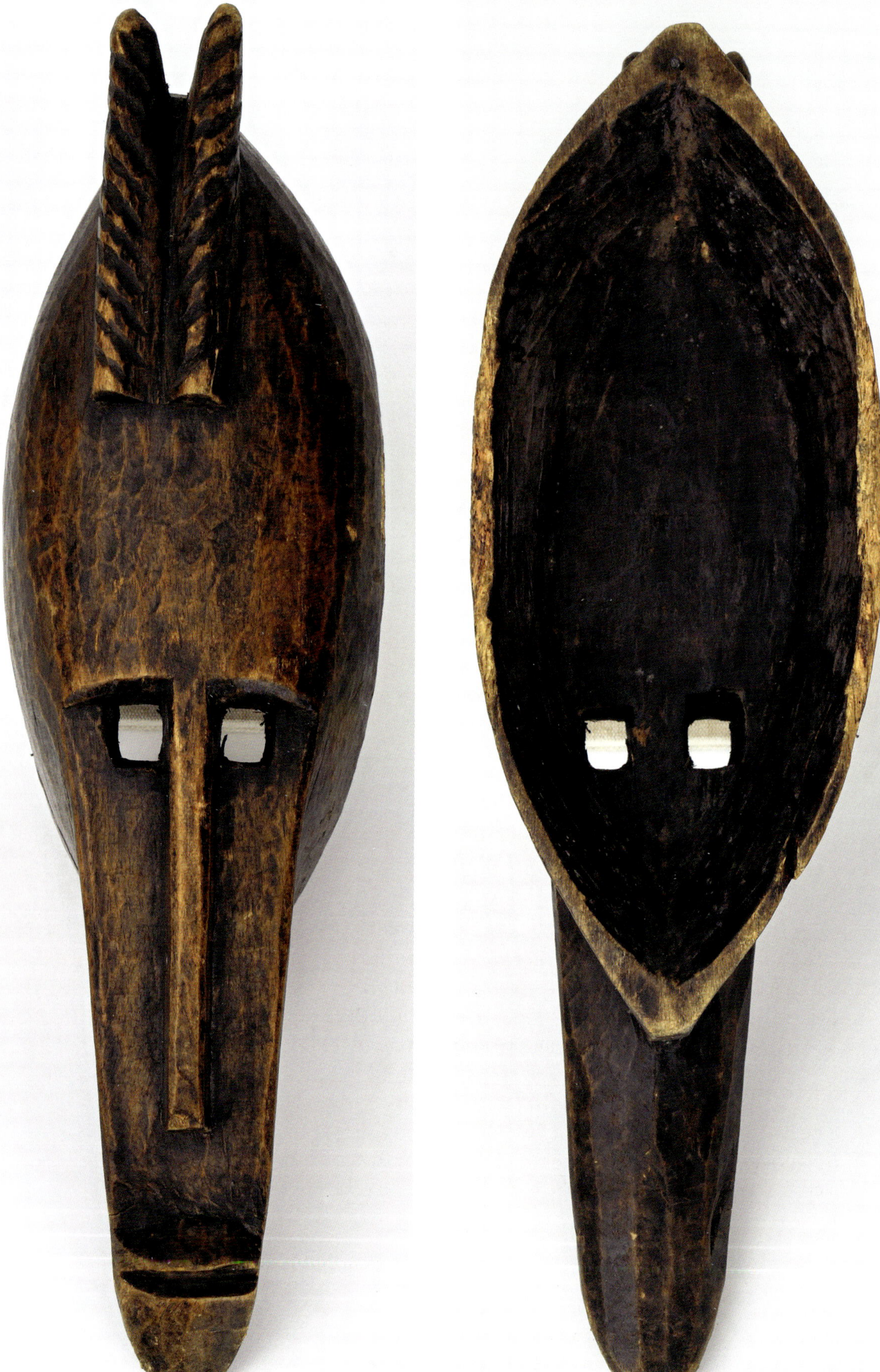

6. N'TOMO-MASKE DER MARKA SONINKE

Inv.-Nr.: V4773
Künstler: unbekannt
Material: Holz, dunkel lasiert, Nagel zur Aufhängung
Maße: H. 51,5 cm, B. 15,5 cm, T. 11 cm
Zustand: befriedigend, linkes Horn abgebrochen und angeklebt, seitliche Bruchstellen und Wurmbefall
Erwerbsort: Libreville, Gabun
Datierung: 1960/70er Jahre

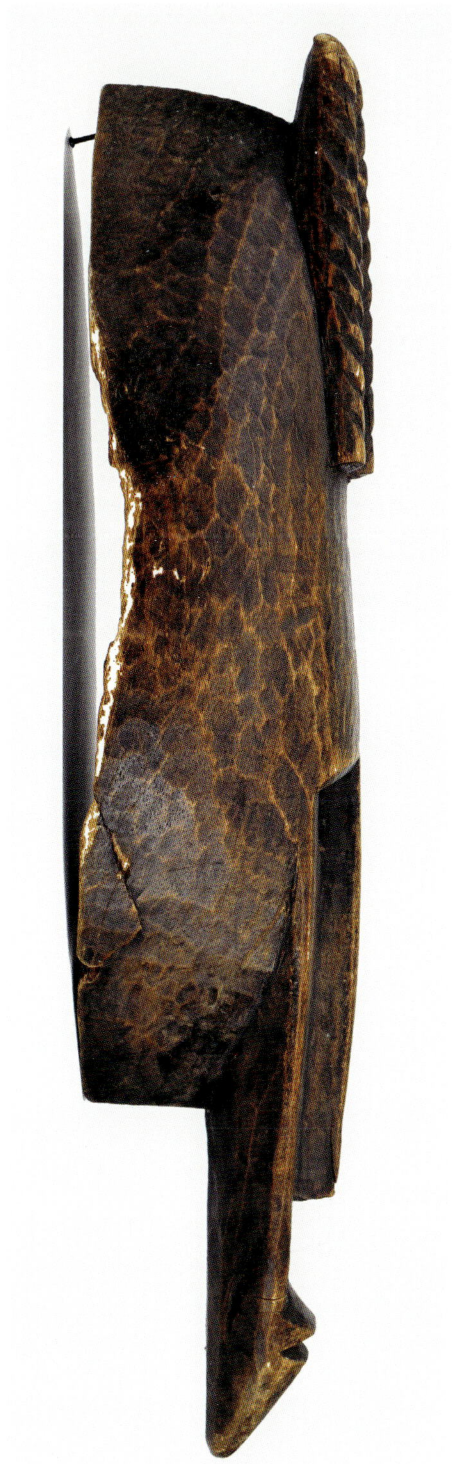

Die aus hellem Holz geschnitzte, 51,5 cm hohe Gesichtsmaske wurde mit einer dünnen Schicht aus Farbe oder Lack überzogen, der sie ihren dunkelbraunen Teint verdankt. Wir sehen ein stark in die Länge gezogenes, nach unten schmaler werdendes Gesicht, dessen Elemente auf geometrische Formen reduziert sind: So bestehen die Augen aus kleinen quadratischen Löchern, durch die der Träger der Maske zu blicken hätte. Die Nase ist balkenförmig und der Mund durch eine schlichte Kerbe dargestellt. Ohren finden sich nicht, doch zieren zwei kurze Hörner die kraftvolle runde Stirn. Ihre Rillenmuster stehen im deutlichen Kontrast zum Rest der Maske, die sich durch eine schmucklos glatte Oberfläche mit zahlreichen Druckstellen auszeichnet.
Das linke Horn wurde abgebrochen und wieder angeklebt. Auf Höhe der Stirn ist zu beiden Seiten jeweils ein Stück des Randes abgesplittert, so dass sich nicht mehr feststellen lässt, ob dort Löcher für Schnüre angebracht waren, mit denen man die Maske vor dem Gesicht ihres Trägers hätte fixieren können. Die hellen Bruchstellen sind mit kleinen Löchern übersät, die den Eindruck von Insektenbefall erwecken. Der Sammler, der die lädierte Maske in Libreville, der Hauptstadt von Gabun, bei einem fliegenden Händler vor einem Restaurant gekauft hat, war sich deshalb sicher, es mit einem sehr alten Stück zu tun zu haben.
Vergleichbare Masken finden sich in zahlreichen Monographien und Katalogen, wenn auch nur von spärlichen Informationen begleitet. Sie werden dem Volk der Marka Soninke im heutigen Mali zugeordnet[140] und ihre auffällig schlanke Gestalt könnte laut Isidore Okpewho als Spiegel der dortigen Ökologie verstanden werden:

> „The vegetation is thin and low, and the animal as well as human figures stand out in slender relief against the background of scanty bush. This is arguably the underlying principle behind those long, lean horns and headwear; the stylization only heightens the effect."[141]

Allerdings verfügen die publizierten Vergleichsstücke über eine mit Schnitzmustern verzierte Oberfläche oder über einen Beschlag mit goldfarbenen Metallplättchen (Abb. 14). Neben ihnen wirkt die Maske der Sammlung Scheideler regelrecht spartanisch. Hat sie immer so ausgesehen? Eine Entfernung ihres Schmucks

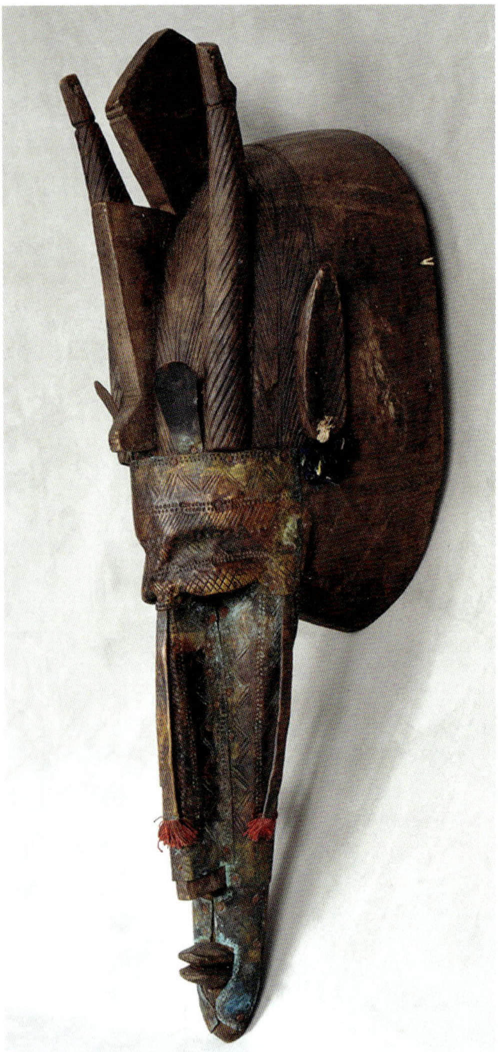

vor dem Verkauf an einen Europäer könnte die mutwillig anmutenden Beschädigungen des Randes und die bestoßene Oberfläche erklären, sofern diese nicht auf einen bewussten Versuch zurückzuführen sind, einem Souvenirstück den Anschein einer Antiquität zu geben. Überhaupt müssen die Fragen offenbleiben, ob die Maske jemals in einem rituellen Kontext getragen wurde, wo sie gefertigt wurde und wie sie in den Handel gelangte.

Im nordafrikanischen Mali werden derartige Masken jedenfalls von den Mitgliedern der *Ndomo*-Männergemeinschaften getragen, entweder anlässlich der Zeremonien zur Beschneidung männlicher Jugendlicher und ihrer Aufnahme in den Erwachsenenstand oder anlässlich der Erhebung älterer Mitglieder in die höheren Ränge ihres Bundes. Verkörpert wird *N'tomo*, gemäß Leuzinger „der Schutzgeist der Knaben vor ihrem Eintritt in den Bund der Erwachsenen" mit der „Aufgabe, ihr Gefühl für Disziplin und Solidarität heranzubilden."[142] Laut einer Darstellung von Nwanunobi hat sich ein Knabe dann für die Initiation ins Männerdasein qualifiziert, wenn er in der Lage ist, eigenständig für ein Pferd zu sorgen. Dann wird er gemeinsam mit anderen Altersgenossen in eine abgeschiedene Waldhütte geführt und erhält dort Unterricht durch erfahrene Männer über seine künftige Rolle als Erwachsener sowie über die Männerbünde, die ihm künftig gegen Zahlung einer Eintrittsgebühr offenstehen. Die Phase der Isolation endet mit der festlichen Rückkehr der nunmehr erwachsenen Jünglinge in die Gesellschaft, in der sie nun zum Abschluss einer oder mehrerer Ehen berechtigt sind.[143] Einen Hinweis auf die didaktische Funktion des Maskentanzes bietet Leuzingers Feststellung: „Die Marka stecken die Masken in bunte Stoffkostüme und setzen sie stets paarweise ein, um die Werbung des Mannes um die Frau darzustellen."[144]

Abb. 14: *Marka N'tomo*-Maske, Mali, spätes 20. Jh., *Second Face Museum of Cultural Masks.*

Gemäß Nwanunobi haben sich diese Maskentänze trotz der Ausbreitung des Islams erhalten und stellen ein wichtiges Medium für die ostentative Zurschaustellung von Reichtum da. Das Material der bei feierlichen Prozessionen getragenen Masken spiegelt nämlich den Status des Trägers wider: Hölzerne Masken genießen ein höheres Prestige als solche aus Textilstoffen und vergoldete Masken sind den Angehörigen der Elite vorbehalten.[145] Ob das Stück aus der Sammlung Scheideler im Rahmen einer solchen Maskerade Verwendung gefunden hat, lässt sich zwar nicht mehr feststellen. In jedem Falle bietet ihr Verkauf tausende Kilometer südlich des Siedlungsgebiets der Marka Soninke aber ein eindrucksvolles Beispiel für die hohe Mobilität derartiger Objekte oder ihrer Formen vor ihrem Verkauf an einen interessierten Europäer.

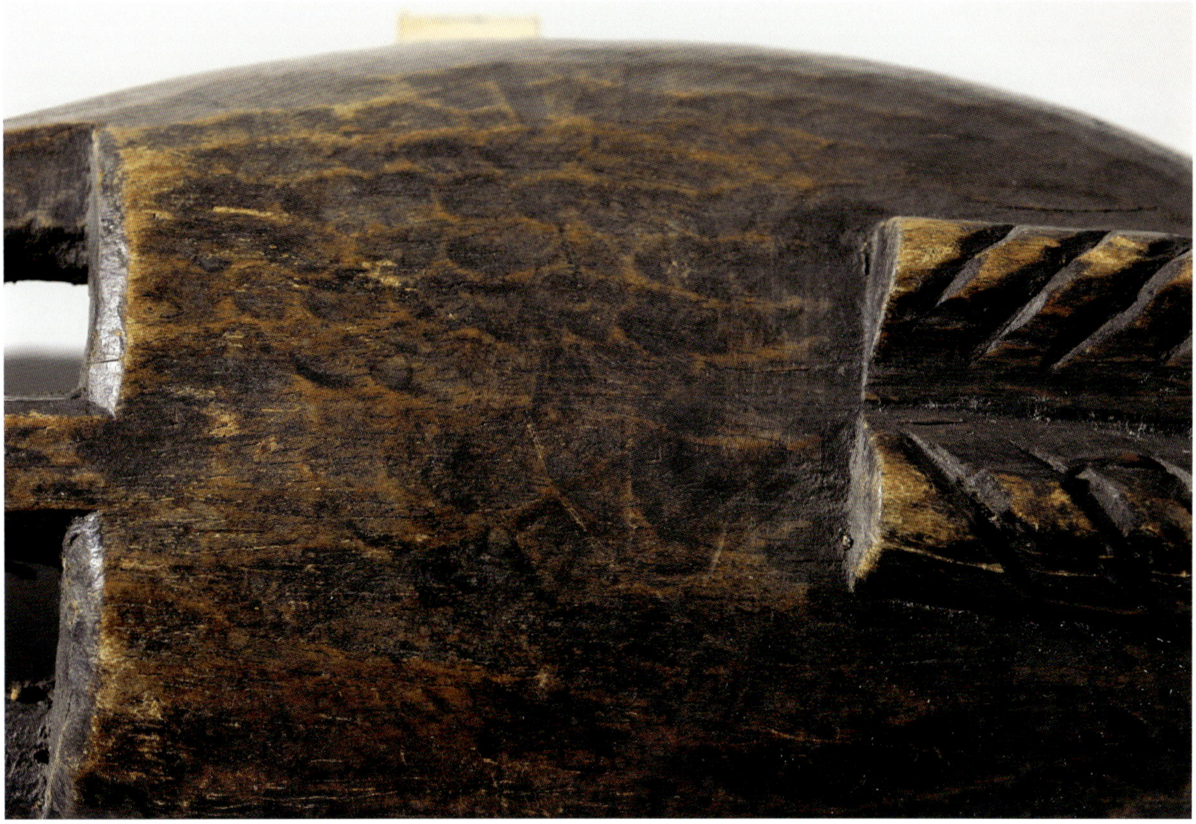

Anmerkungen:

140 Siehe z. B. die Abbildungen in Leuzinger 1972, S. 41; Segy 1976, Plate 41. Nach Christopher Roy gilt es zu unterscheiden zwischen den Marka Dafing in Burkina Faso und den Marka Soninke in Mali. Die länglichen, mit Kupfer, Messing und Aluminium beschlagenen Masken sind den letzteren zuzuordnen. Roy 1987, S. 308 u. 311.

141 Okpewho 1977, S. 308.

142 Leuzinger 1963, S. 66; Sasser 1995, S. 105; Segy 1976, Plates 41.

143 Nwanunobi 1996, S. 40.

144 Leuzinger 1963, S. 66.

145 Nwanunobi 1996, S. 45.

7. REICH VERZIERTE SOUVENIRMASKE

Inv.-Nr.: V4774
Künstler: unbekannt
Material: Holz, teerartige Dickschicht, Metallplättchen, Perlen, Kaurimuscheln, Aufhängevorrichtung und Nagel
Maße: H. 33,5 cm, B. 30 cm, T. 8,8 cm
Zustand: gut, einzelne Metallplättchen und Perlen fehlen
Erwerbsort: Libreville, Gabun
Datierung: 1960/70er Jahre

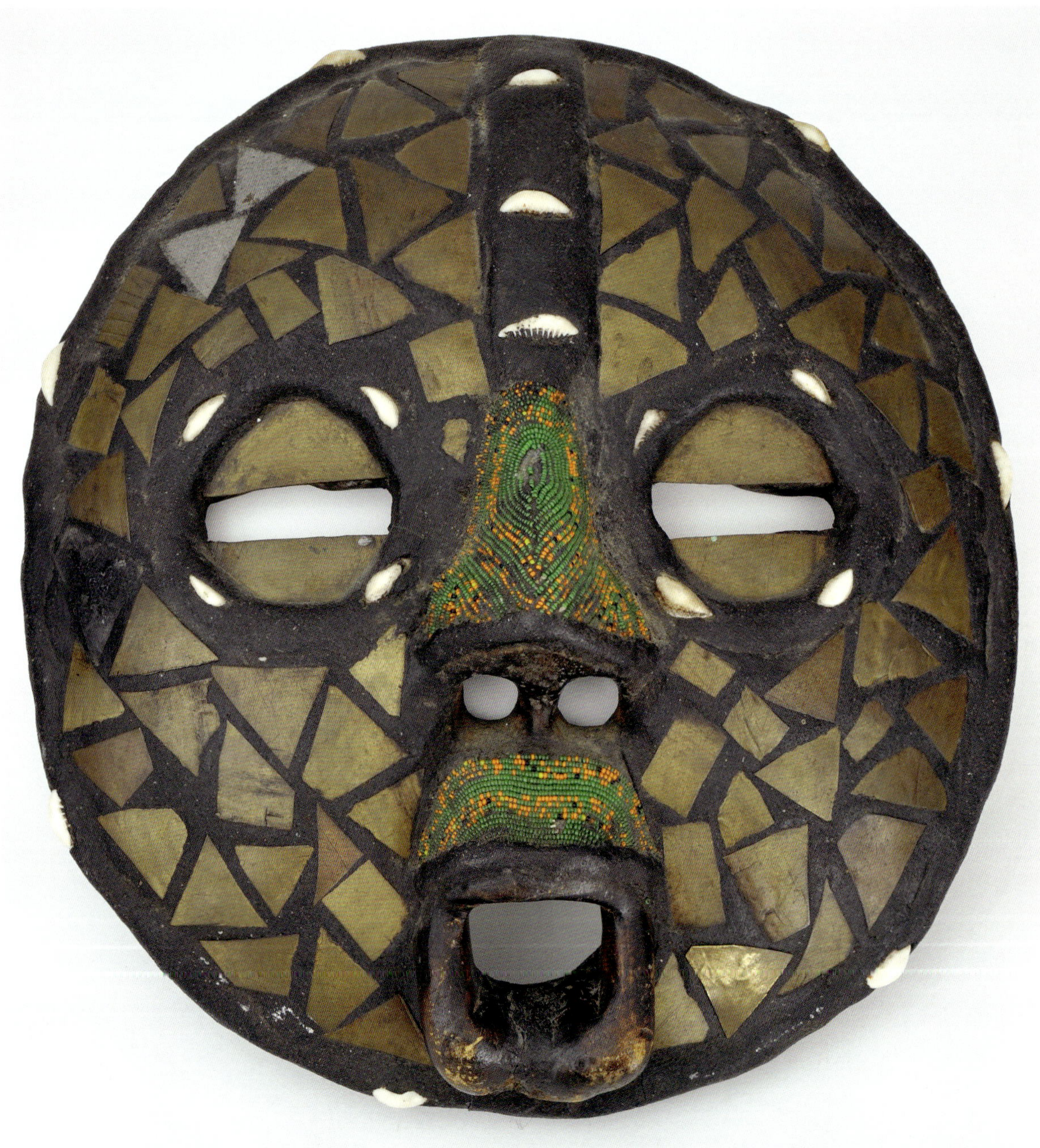

Die runde Maske mit den großen Augenpartien, der kurzen Nase und dem scheinbar fröhlich lachenden Mund steht nicht nur der Form nach im deutlichen Kontrast zur eben besprochenen *N'tomo*-Maske. Sie zeichnet sich durch eine besondere materielle Vielfalt aus. Zwar ist sie aus hellem Holz geschnitzt, doch ihre Rückseite wurde mit dunklem Lack und das Gesicht mit einer dicken Teerschicht überzogen, die den Eindruck einer metallenen Oberfläche erweckt. In diese hat man auf der Stirn und den Wangen dünne Messingplättchen eingelassen, die meist eine dreieckige Form aufweisen und der Maske mit ihrem goldenen Glanz eine edle Erscheinung verleihen. Ihre die eckigen Sehschlitze rahmenden halbkreisförmigen Augenlieder sind ebenfalls aus Messing. Um sie herum und um den Rand der Maske sowie entlang eines Scheitels auf der Stirn sind Kaurimuscheln angeordnet. Nase und Philtrum weisen ein Muster aus kleinen bunten Glasperlen auf.

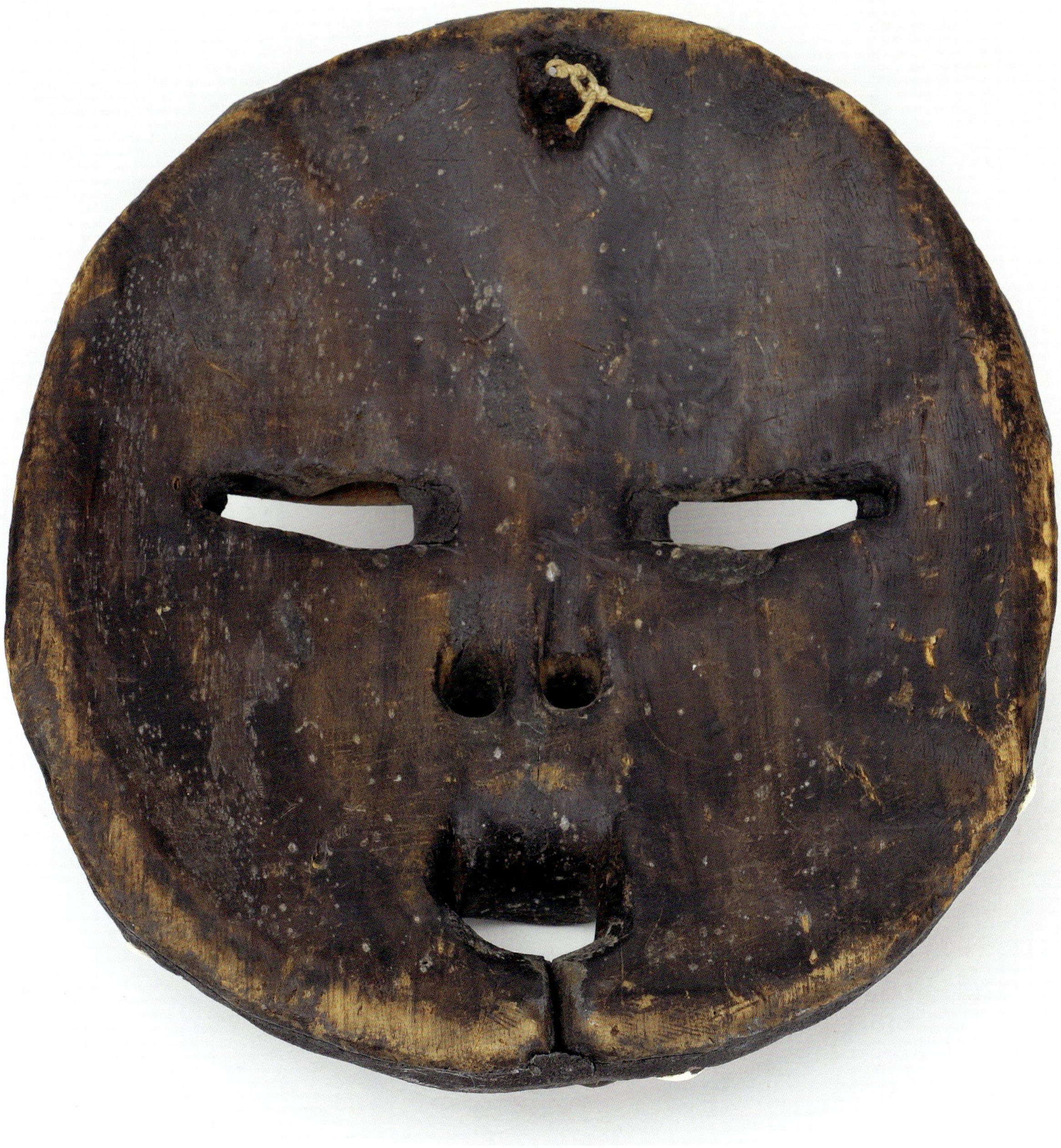

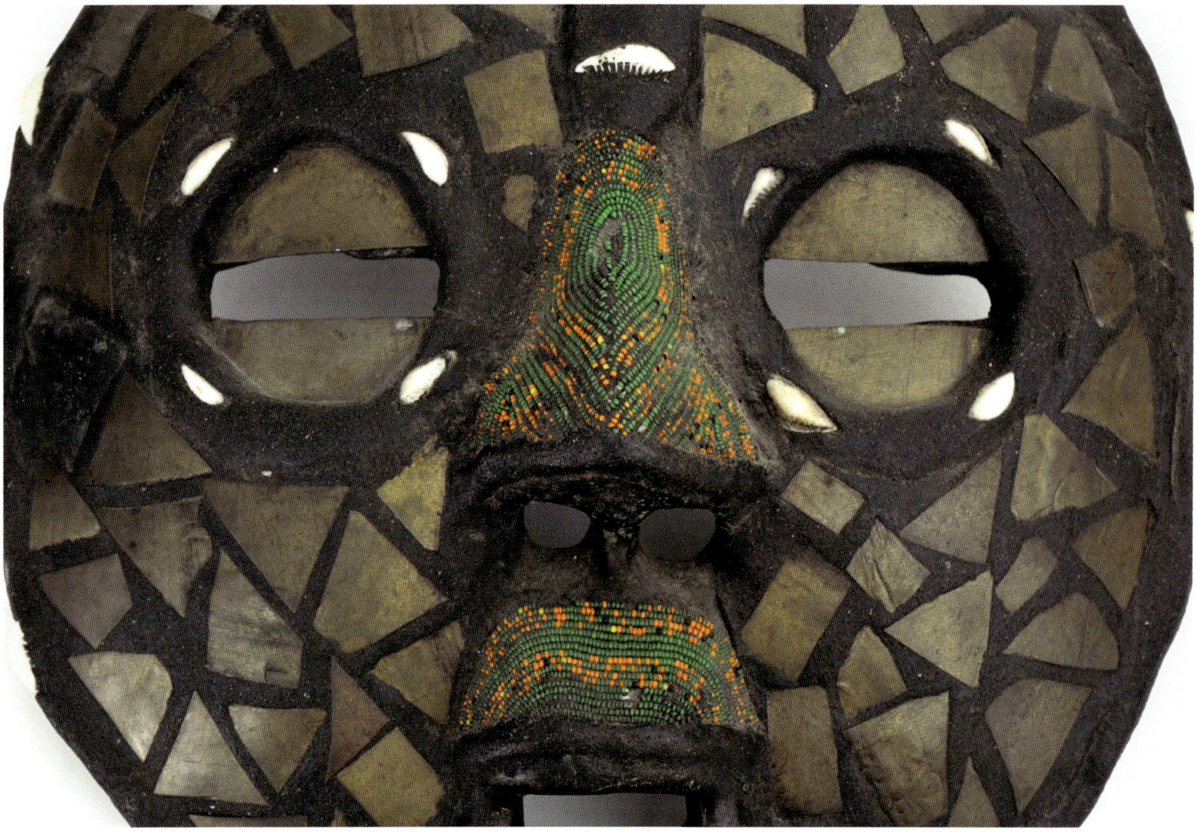

Mit Ausnahme von Mund und Nase ist die Maske bei einem Durchmesser von rund 33 cm flach wie ein Teller. Sie verfügt über keine Vorrichtung, die es erlauben würde, sie am Körper zu tragen. Allerdings ist im oberen Teil der Rückseite eine Vertiefung eingelassen, in der ein Nagel angebracht wurde: So ist die Maske bestens geeignet, um wie ein Gemälde an die Wand gehängt zu werden. Hierfür scheint sie, im wahrsten Sinne des Wortes, wie gemacht.

Gekauft hat Scheideler diese üppig verzierte Souvenirmaske von einem Hausa-Händler, der seine Waren vor einem französischen Feinschmeckerlokal in Gabuns Haupstadt Libreville feilbot. Doch fällt ihre Zuordnung zu historischen Vorbildern schwer, da sich in der wissenschaftlichen Literatur keine unmittelbaren Vergleichsstücke finden lassen. Ein nahezu identisches Exemplar sehen wir allerdings in einem 2012 erschienenen Reiseführer für das westafrikanische Ghana mit dem Hinweis, dass es derartige Stücke als Souvenirs „in Handtaschengröße“ zu kaufen gäbe.[146] Potentielle Touristen werden darauf hingewiesen, dass es sich um „Airport Art“ handelt, „die nur für Souvenirjäger gemacht wird.“[147] Holz, so der Hinweis, sei „in Ghana ursprünglich nicht zur Herstellung von Masken verwendet“ worden.[148] Heute können derartige Stücke auch über das Internet bezogen werden, dort deklariert als vermeintlich typische Beispiele für die Maskenkunst Ghanas.[149] Eine weitere Abbildung findet sich auf der Webseite des *National Museum of Ghana* zur Illustration eines Textabschnitts über „commercial masks“.[150]

Eine Herstellung der Maske in Ghana, oder zumindest nach dem Vorbild der dortigen Schnitzer, ist demnach denkbar. Ihr Typ wäre aber erst mit Blick auf eine ausländische Käuferschaft erfunden worden. Einen vergleichbaren Fall bieten die Masken der ostafrikanischen Massai, da die wohl bekannteste afrikanische Ethnie ebenfalls über keine einschlägige Tradition verfügte.[151]

Wer in Ghana nach Vorbildern für die Gestaltung der hier besprochenen Maske sucht, könnte sie höchstens auf den Hälsen der als *Akuaba* bezeichneten Holzpuppen vermuten.

Nach Harry Silver handelt es sich auch bei diesen um beliebte Souvenirstücke. Ihre ursprüngliche Funktion bestand jedoch darin, den Akt der Zeugung und die Geburt wohlgeformter Kinder zu befördern. Folglich mussten ihre Formen dem gängigen Schönheitsideal entsprechen, weshalb sie über flache, rundliche Gesichter verfügten.[152] Wo diese ferner an den Geschmack westlicher Käufer angepasst wurden, konnten sie laut Thurner „über den Augen mit Metall- und Glasperleneinlagen versehen" werden, was ihnen eine Erscheinung verleihen konnte, die der hier besprochenen Maske zumindest nahekommt.[153]

Größer ist allerdings die Ähnlichkeit zu den runden *Kifwebe*-Masken, die mit den Luba im heutigen Kongo assoziiert werden. Mit diesen gemein hat das hier besprochene Stück die kreisrunde Form und den Scheitel auf der Stirn sowie die Art der Gestaltung von Augen, Mund und Nase.[154] Derartige Masken kämen somit ebenfalls als Vorbild in Frage, jedoch nur mit Blick auf die plastische Form. Gänzlich verschieden bleibt die materielle und farbliche Ausarbeitung. Die *Kifwebe*-Masken zeichnen sich nämlich durch eingravierte konzentrische Kreise aus, nicht durch eine üppige Verzierung mit metallenen Dreiecken, Perlen und Kaurimuscheln. Es scheint daher naheliegend, dass die runde Souvenirmaske im Gegensatz zu den übrigen Exemplaren aus der Sammlung Scheideler über kein einzelnes Vorbild verfügt, sondern gestalterische Elemente aus verschiedenen Quellen in sich vereint.[155]

Anmerkungen:

146 Cobbinah 2012, S. 109.

147 Cobbinah 2012, S. 108.

148 Cobbinah 2012, S. 111.

149 Auf der Webseite der Organisation *Novica*, die es sich nach eigenen Angaben zum Ziel gesetzt hat, zeitgenössischen Künstlern einen Zugang zum Weltmarkt zu verschaffen, wird man in der Sache schnell fündig. Die hier angebotenen runden Masken unterscheiden sich von dem Exemplar in der Sammlung Scheideler v. a. durch ihre noch weiter gesteigerte Farbenpracht und durch ihre scheinbar glattere Oberfläche. Der Eindruck, dass es sich um Antiquitäten handeln könnte, wird also nicht erweckt. Zu jedem Stück findet sich neben einem Namen der Maske auch jener des Herstellers mit einem Bild. Siehe https://www.novica.com/Akan-mask/s/, zuletzt eingesehen am 21.12.2017.

150 Siehe deren Webseite: http://nationalmuseum.ghana-net.com/traditional-african-masks.html, zuletzt eingesehen am 06.12.2017.

151 Hierzu Göltenboth 1987.

152 Silver 1979, S. 198.

153 Thurner 1995/6, S. 236.

154 Siehe z. B. das Exemplar aus der Sammlung des *Metropolitan Museum of Art*, datiert auf das 19. oder frühe 20. Jh., URL: https://www.metmuseum.org/art/collection/search/312177, zuletzt eingesehen am 06.11.2017.

155 Zur Vereinigung von Stilelementen aus verschiedenen Quellen am einzelnen Objekt der Souvenirkunst siehe Thurner 1995/6, S. 236–238.

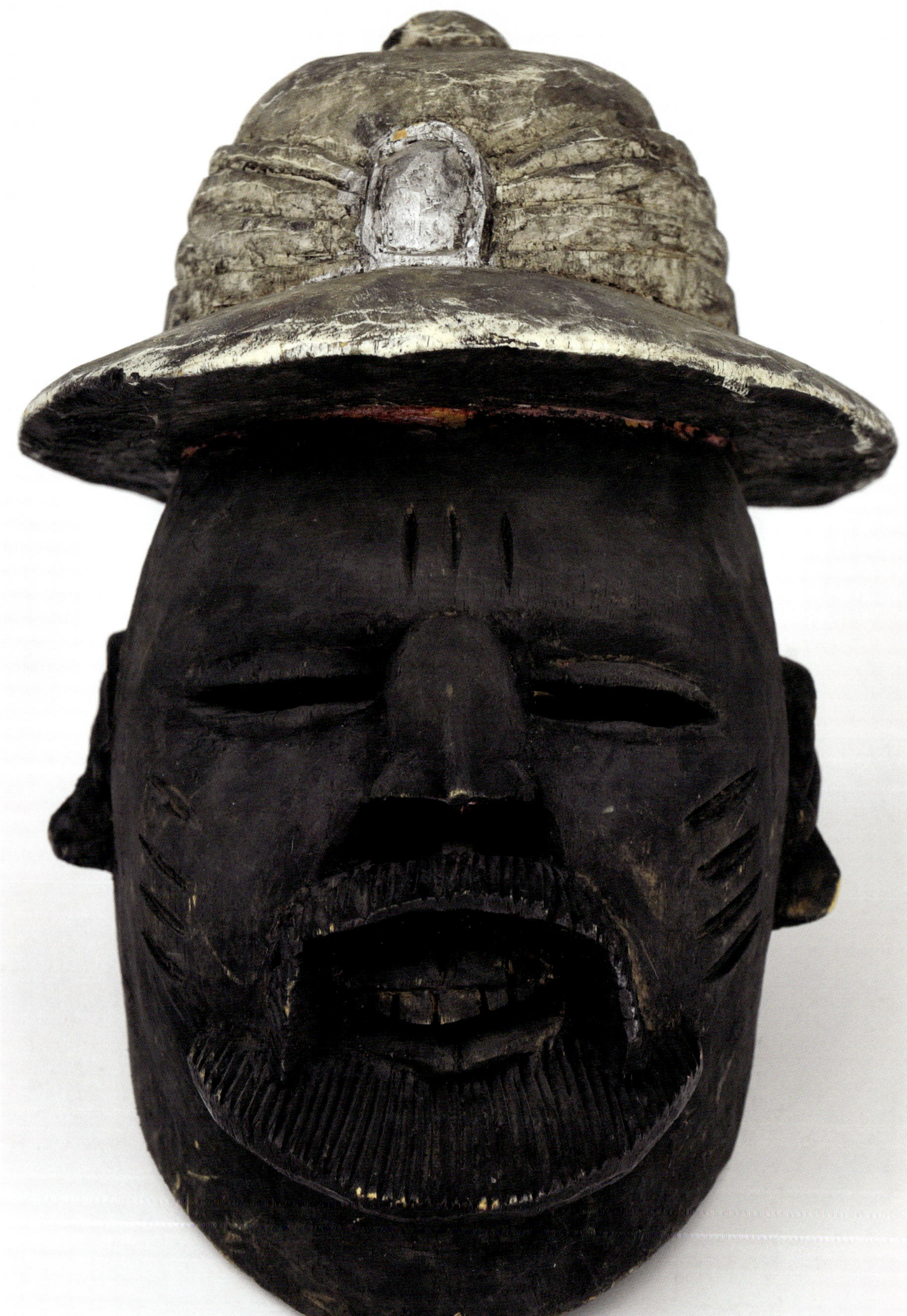

8. GELEDE-HELMMASKE MIT EINEM TROPENHUT AUS NIGERIA

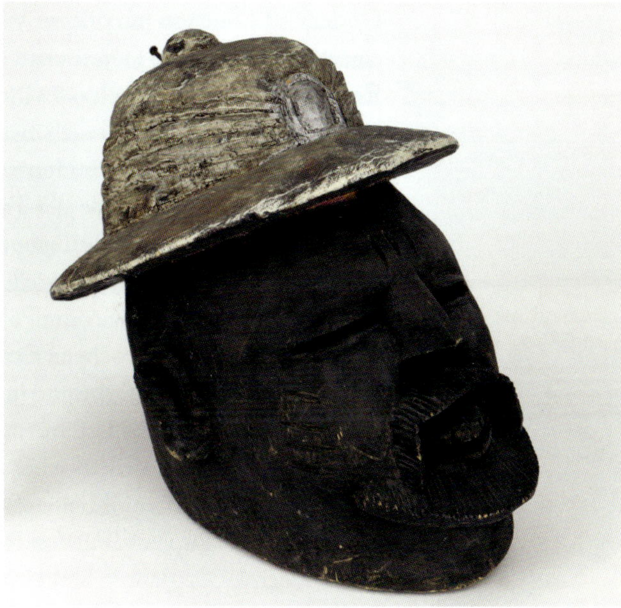

Inv.-Nr.: V4767
Künstler: unbekannt
Material: Holz, bemalt, Nägel
Maße: H. 39 cm, B. 30 cm, T. 37 cm
Zustand: gut
Erwerbsort: Lagos, Nigeria
Datierung: 1960/70er Jahre
Publiziert: Duschner 2020

Die aus leichtem, hellem Holz gefertigte, 39 cm hohe Helmmaske[156] trägt das Antlitz eines korpulenten Mannes von mittlerem Alter. Besondere Mühe hat sich der Schnitzer bei der Herausarbeitung von Mundpartie und Bart gegeben. Über Kopfhaare scheint der Dargestellte hingegen nicht zu verfügen, stattdessen wird sein schwarz bemaltes Haupt von einem gräulichen Tropenhut gekrönt, der an einen europäischen Entdecker oder eine *Colon*-Figur erinnert. Um einen Europäer scheint es sich aber nicht zu handeln, denn die dunkle Gesichtsfarbe und die Schmucknarben auf Stirn und Wangen weisen ihn eindeutig als einen Afrikaner aus. Wo sein Kopf den Hut berührt, findet sich eine umlaufende rosafarbene Linie. Mit der gleichen Farbe wurden die innere Nase und der untere Rand der Maske bemalt.
In die Rückseite des Huts wurde ein großer nach hinten gerichteter Nagel geschlagen sowie zwei deutlich kleinere Nägel in den Hinterkopf, von denen nur einer geblieben ist. Welche Funktion sie einst erfüllten, lässt sich nicht mehr nachvollziehen.[157] Ebenso offen bleiben muss die Frage nach der Nutzung im Rahmen eines Maskentanzes. Zwar erfolgte der Kauf diesmal nicht bei einem Händler, sondern für „einige nigerianische Pfunde" beim „Hausboy" des Sammlers, seiner örtlichen Koch- und Reinigungskraft. Welche Funktion das Stück für diesen gehabt hat, entzieht sich aber unserer Kenntnis. Während sich Scheideler in Afrika befand, kamen derart gestaltete Masken allerdings bei den Maskeraden der mit den Yoruba assoziierten *Gelede*-Gemeinschaften zum Einsatz.[158] Wichtigstes ikonographisches Element dieses Exemplars und der Schlüssel zu seinem Verständnis ist der Tropenhut, dessen Besprechung der der Maskeraden deshalb vorangestellt wird.

ZUR BEDEUTUNG DES TROPENHUTS

Nach Heike Kraemer sind Tropenhüte ein weit verbreitetes Motiv in der afrikanischen Plastik. Wir finden sie auf zahlreichen Masken und Skulpturen zur Darstellung von Menschen europäischer Herkunft, die in Ableitung vom Begriff „Kolonist" als *Colons* bezeichnet werden. Die ältesten derartigen Stücke dürften mehrheitlich nicht vor dem 19. Jh. entstanden sein und sind damit ein eindrückliches Zeugnis der kolonialen Begegnung. Ihre genaue Herkunft, der Kontext ihrer Verwendung und die ihnen zugeschriebenen Bedeutungen wurden seinerzeit aber nicht dokumentiert. So konnten verschiedene Theorien formuliert werden, wie z. B. jene, dass es sich um bewusst karikierende Darstellungen der weißen Soldaten und Missionare handelt, deren Eigenheiten man mit berechtigtem Spott begegnen wollte. Allerdings warnt Kraemer vor dem methodischen Fehler, den afrikanischen Schnitzern die eigene, innereuropäische Kritik an der westlichen Zivilisation zu unterstellen. Eine andere Funktion hätte darin bestehen können, die mithilfe von Masken und Skulpturen verkörperten Vertreter der Kolonialmacht zu beeinflussen, so wie man es mit den eigenen

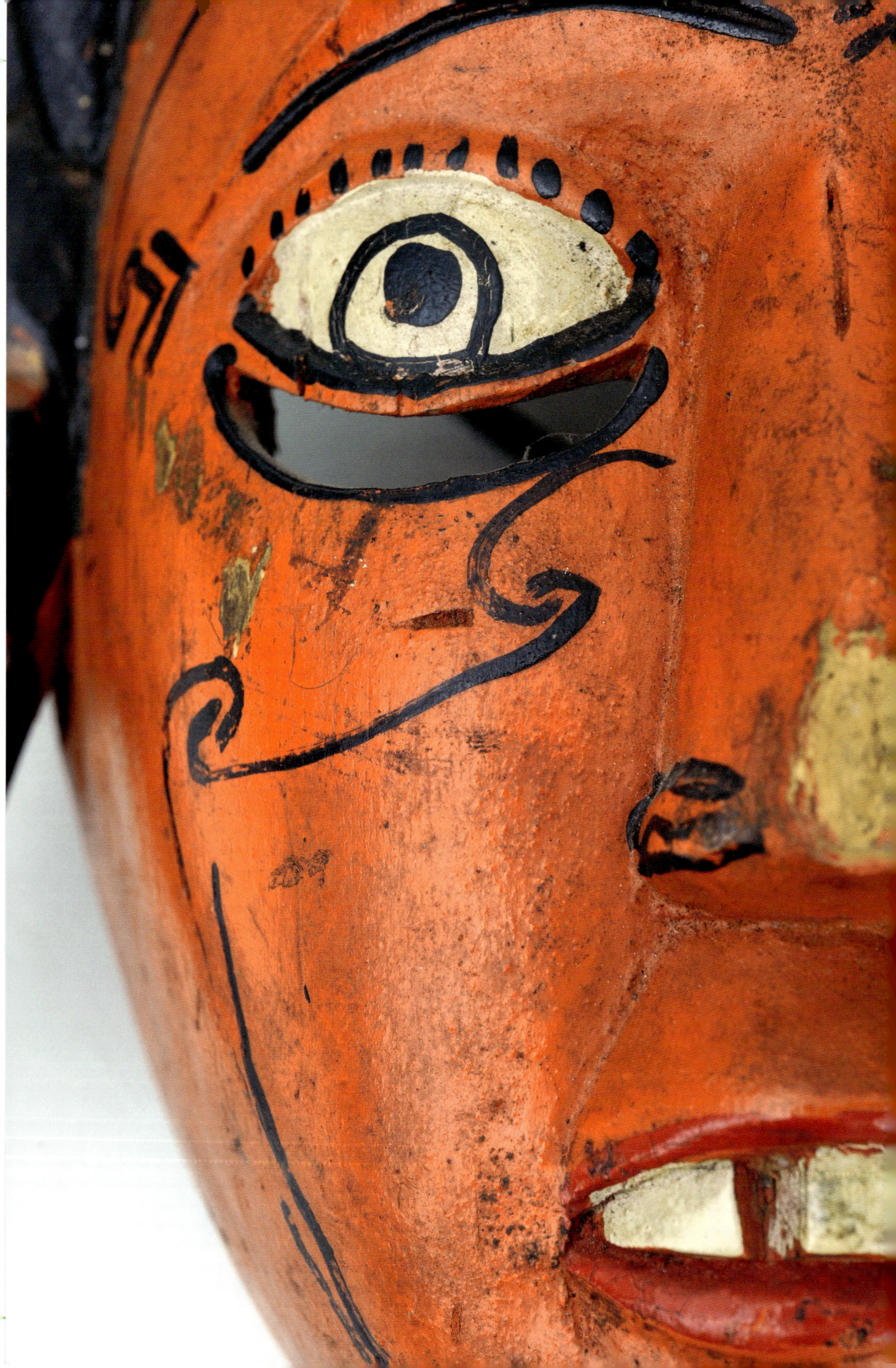

9. FEMININE MFON EKPO-MASKE

Inv.-Nr.: V4776
Künstler: unbekannt
Material: Holz, Bemalung, Nägel, Gummiband
Maße: H. 38 cm, B. 38 cm, T. 8,5 cm
Zustand: gut, Farbfassung an Nase und Haarknoten abgesprungen
Erwerbsort: Lagos, Nigeria
Datierung: 1960/70er Jahre

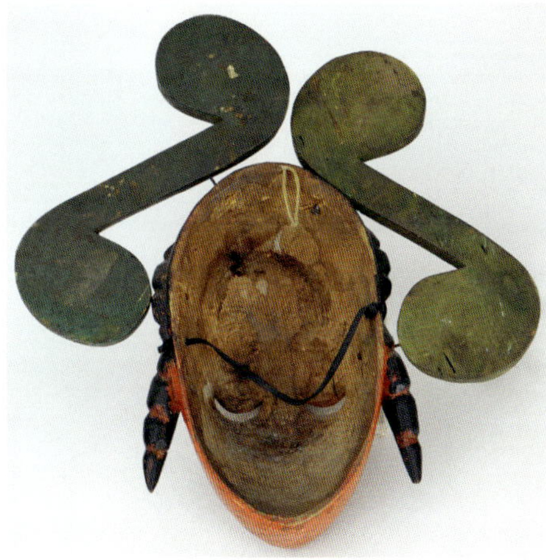

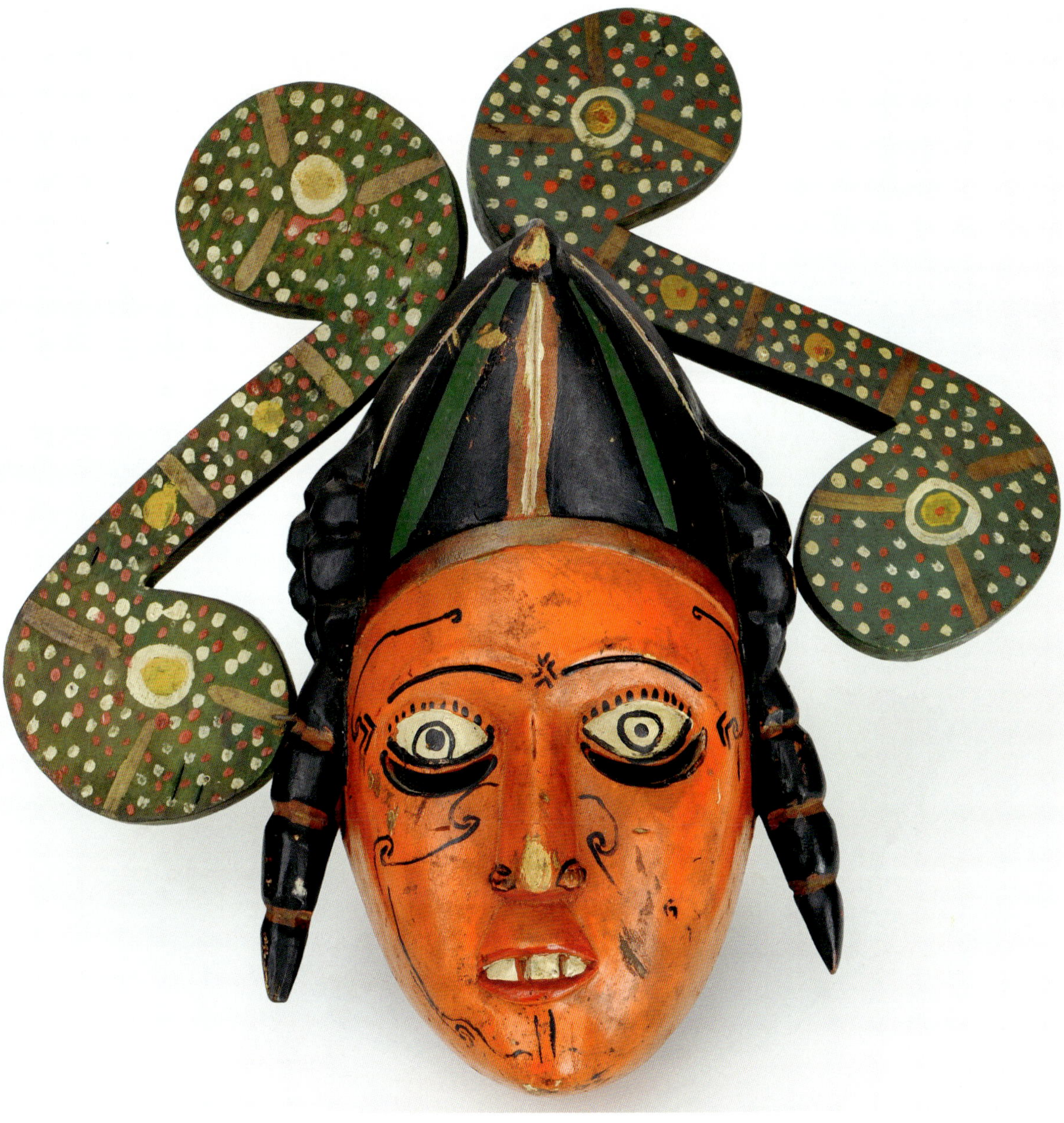

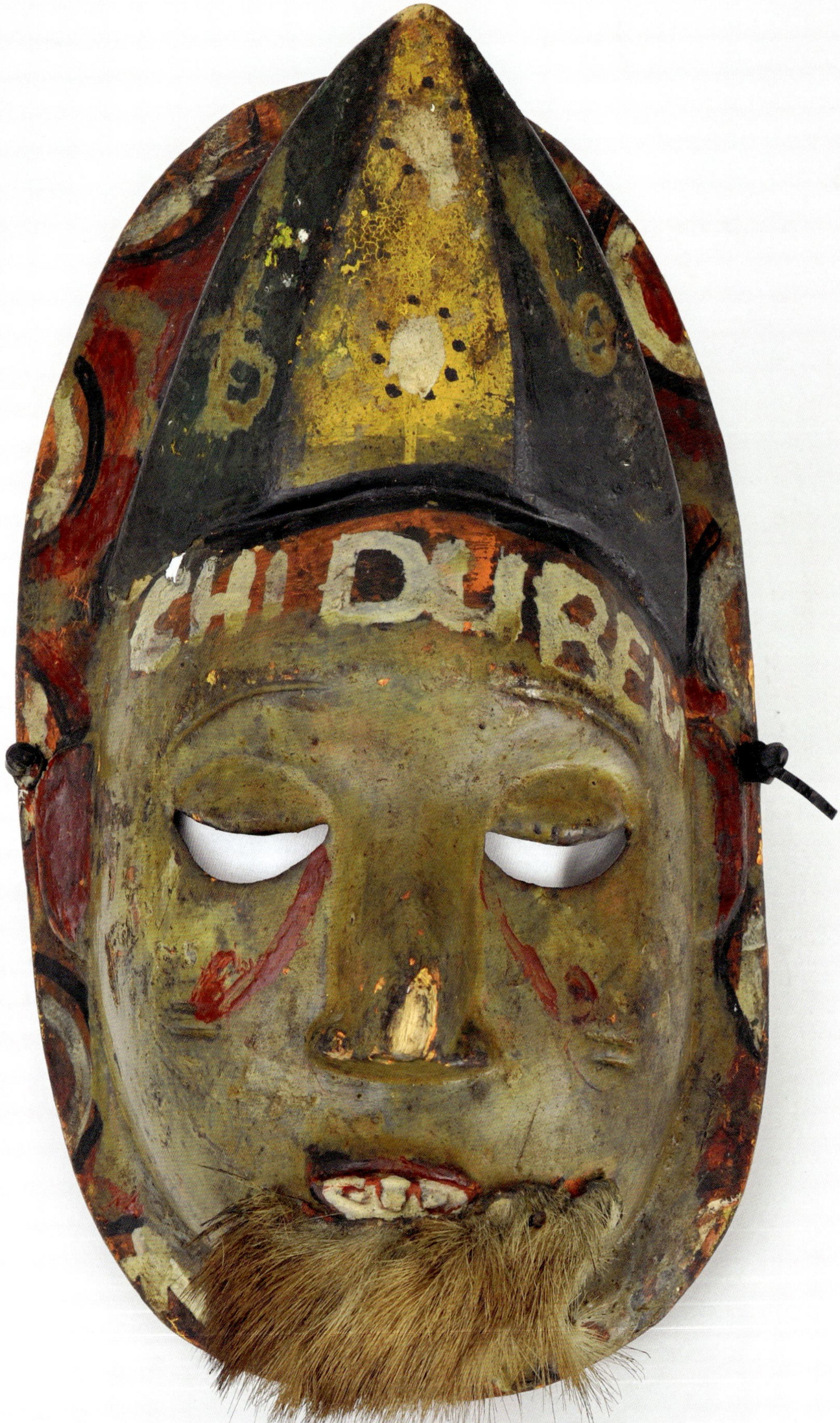
CHI DUBE

10. MFON EKPO-MASKE „CHI DUBEM"

Inv.-Nr.: V4775
Künstler: unbekannt
Material: Holz, verschiedene Farbschichten, Fell, Gummiband
Maße: H. 24 cm, B. 14 cm, T. 10,5 cm
Zustand: gut, Nase abgesprungen, kleines Loch im Holz unter der Haartracht
Erwerbsort: Lagos, Nigeria
Datierung: 1960/70er Jahre

Was diese beiden Gesichtsmasken von allen anderen Exemplaren der Sammlung Scheideler unterscheidet, ist ihre besonders auffällige Bemalung mit chemisch hergestellten Ölfarben. Einen Trend zu größerer Farbvielfalt hatte der Feldforscher Hans Himmelheber bereits 1965 beschrieben. Für ihn war dies eine Facette der „schmuckhaften Überladung", die jüngere Werke der afrikanischen Kunst von solchen des 19. und frühen 20. Jh. unterscheidet. Letztere seien nämlich „im allgemeinen nur einfarbig schwarz, braun oder rot" gewesen.[167] Nach Ingrid Thurner könnte man die Bemalung deshalb als ein wichtiges Indiz dafür ansehen, dass beide Masken nicht für den Verkauf an Ausländer hergestellt wurden. Sie entsprechen nämlich nicht, wie Himmelhebers Kommentare beweisen, einer anhand älterer Museumstücke entwickelten Vorstellung, wie eine typisch afrikanische Maske auszusehen habe.[168]

Das feminin anmutende Gesicht der ersten Maske ist in einem warmen Orangeton gehalten und seine Züge sind durch schwarze Linien und Muster verziert. Die großen weißen Augen sind weit aufgerissen, wobei die rechte Pupille die linke an Größe klar übertrifft und einen Eindruck der Unruhe erzeugt. Gleichsam auffällig ist der geöffnete Mund mit roten Lippen, der die oberen Schneidezähne prominent zur Schau stellt. Auf

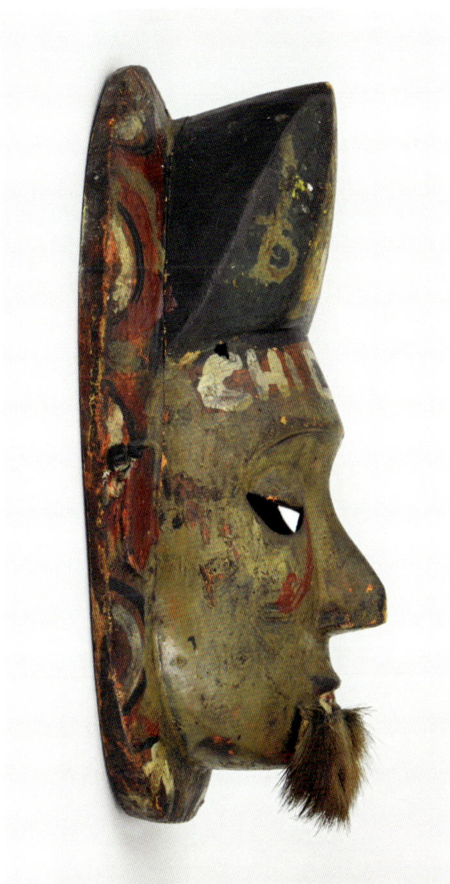

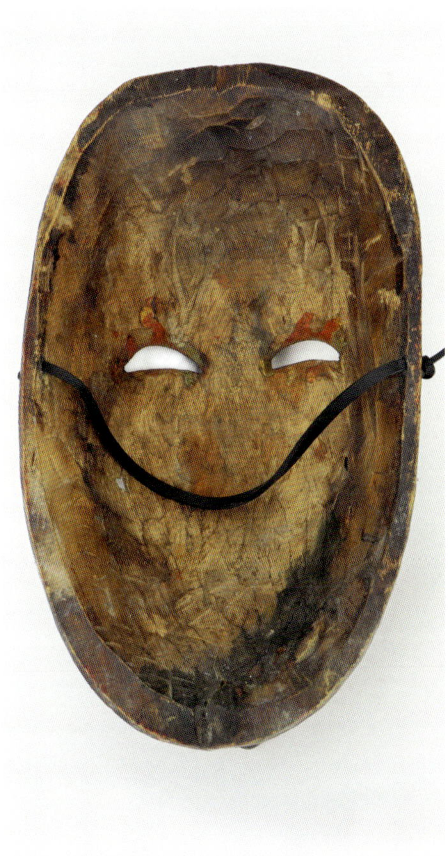

der Stirn sitzt ist eine spitz zulaufende schwarze Frisur mit braunen und grünen Linien. Zu beiden Seiten des Gesichts sehen wir schwarz und braun bemalte hölzerne Zöpfe. Gekrönt wird die Maske durch zwei grüne S-förmige Aufsätze, die mit einem Muster aus braunen Linien und bunten Punkten geschmückt sind.

Die Maske bequem vor dem Gesicht zu tragen ermöglicht ein schwarzes Gummiband. Wie im Falle der Ölfarben handelt es sich um einen industriell hergestellten Werkstoff, dessen Verwendung belegt, dass die Maske v. a. funktional zu sein hatte und keine vermeintliche Antiquität für Ausländer. Sichelförmige Sehschlitze unter den aufgemalten Augen erlauben es dem Träger, sein Umfeld zu beobachten. An einigen Stellen ist die Farbe der Maske abgeplatzt, an anderen finden sich schwarze Schmierer, die als weiterer Hinweis für die tatsächlich erfolgte Nutzung verstanden werden können.

Das zweite Stück ist mit einer Höhe von 24 cm das kleinste Objekt der Sammlung. Auch diese Maske verfügt über ein Gummiband, sichelförmige Sehschlitze und eine spitz über der Stirn zulaufende Frisur. Auf ihren Wangen finden wir eingravierte Darstellungen von Schmucknarben. Der Mund ist gleichsam geöffnet und zeigt eine Reihe weißer Oberzähne. Nur hat sie im Gegensatz zur ersten Maske keine Zöpfe, sondern ein aufgeklebtes Fellstück als Bart und muss demnach der Verkörperung eines Mannes gedient haben. Auch sind keine weit aufgerissenen Augen aufgemalt. Als einzige Maske der Sammlung trägt sie eine Aufschrift auf der Stirn: „CHIDUBEM“, ein Name, über dessen Bedeutung hier nur spekuliert werden kann. Das Gesicht dieses fortan als Chidubem-Maske bezeichneten Exemplars ist mit grünbrauner Farbe überzogen und der Rand mit einem bunten Muster aus Halbkreisen verziert. Die Betrachtung jener Stellen, an denen die Farbe abgesplittert ist, offenbart aber, dass die Maske im Laufe ihrer Geschichte immer wieder neu bemalt wurde. Es ist deshalb von einer wiederholten Nutzung im Rahmen verschiedener Kontexte auszugehen.[169] Ob es sich bei ihrem Schnitzer um einen erfahrenen Vertreter seiner Zunft gehandelt hat, lässt sich allerdings anzweifeln. So ist ihm bei der Aushöhlung des Innenraums der Fehler unterlaufen, die Außenwand der Maske zu durchstoßen, so dass sie auf der rechten Seite ihrer Stirn über ein kleines quadratisches Loch verfügt.

Dank zahlreicher Vergleichsstücke lassen sich beide Masken einer spezifischen Tradition zuzuordnen, die wie die *Gelede*-Maskeraden bis heute lebendig geblieben ist: Ihr Erscheinungsbild entspricht dem der *Mfon Ekpo*-Masken zur Verkörperung schöner, wohlgesonnener Ahnengeister bei den Ibibio, einer Ethnie im Südosten Nigerias.[170] Getragen werden sie von Mitgliedern der *Ekpo*-Gemeinschaften, die mit ihren Maskeraden streng über die Einhaltung normgerechten Verhaltens wachen, aber ihre dörflichen Gesellschaften auch zu festlichen Anlässen unterhalten können.

ÜBERLEGUNGEN ZUR OBJEKTBIOGRAPHIE

Die beiden bunt bemalten *Mfon Ekpo*-Masken sind die einzigen Exemplare aus der Sammlung Scheideler, deren Erscheinung mit größter Sicherheit auf eine tatsächlich erfolgte Nutzung im Rahmen ritueller Maskentänze schließen lässt. Wo und wie diese erfolgte, lässt sich leider nicht mehr aufklären. Nach Dennis Duerden wäre es nämlich ein Irrtum zu glauben, dass zeremoniell genutzte Masken stets im Umfeld ihrer Hersteller verbleiben mussten. Wanderungen über hunderte Kilometer waren stets möglich, da bekannte Schnitzer nicht nur für den Bedarf ihrer eigenen Gemeinschaften produzierten.[171]

Besonders bei der Chidubem-Maske könnte von einer Wanderung und der Nutzung im Rahmen verschiedener Anlässe ausgegangen werden, ähnlich dem Vergleichsstück aus der Sammlung Frank Willetts. Über dessen Erwerb schreibt er:

> „In Ishan, north-east of Benin, in 1959, I found that the masks used in the boys' masquerade dances had all been carved by Ibibio carvers in Ikot Ekpene, well over a hundred and fifty miles away across the other side of the River Niger, yet in one village I was told that they were carved by a local carver who happened to be away during my visit."[172]

Auch die Kunsthistoriker Cole und Aniakor sprechen von der Verwendung der Ibibio-Masken in anderen Teilen Nigerias. Ihre 1983 erschienene Monographie enthält ein bezeichnendes Foto: Wir sehen ein der Chidubem-Maske fast identisches Exemplar, wenn auch ohne aufgeklebten Bart und Schriftzug. Träger ist ein Maskentänzer der den Ibibio benachbarten Igbo, der auf einem Fahrrad sitzt.[173]
Vor diesem Hintergrund scheint es naheliegend, die Aufschrift der Chidubem-Maske als ein Indiz für die zumindest zeitweilige Verwendung in einem Igbo-Kontext zu deuten. Gemäß einer Auflistung von Ejelinma Ndubisi Nwafor handelt es sich bei „Chidubem" nämlich um einen „traditionellen" Namen für Angehörige dieser Ethnie.[174] Welche tatsächliche Bedeutung dem Schriftzug beizumessen ist, der sich auf keinem Vergleichsstück finden lässt, muss unbekannt bleiben. Über den Moment des Erwerbs hinaus lässt sich die Geschichte beider Objekte nämlich nicht rekonstruieren. Die Darstellung ihrer möglichen Verwendung soll deshalb auf die Maskeraden der Ibibio beschränkt bleiben. Erworben wurden die beiden *Mfon Ekpo*-Masken jedenfalls bei fliegenden Händlern in der nigerianischen Hauptstadt Lagos, bei denen es sich laut dem Sammler um Hausa oder Yoruba gehandelt haben könnte. Im Falle der Chidubem-Maske ist ihm sogar in Erinnerung geblieben, dass der Verkäufer seine Waren vor dem *Federal Palace Hotel* in der Hafenregion angeboten hatte und mehrere ähnliche Exemplare in seinem Sortiment führte. Wie die mit dem Südosten Nigerias assoziierten Ritualmasken dorthin gekommen waren, wissen wir nicht. Doch war dies die Zeit kurz nach Ende des Biafra-Kriegs (1967–70), der in den Siedlungsräumen der Ibibio und Igbo zu schweren Zerstörungen geführt hatte. Von deren Ausmaß konnte sich der Sammler bei einer Fahrt durch die Region selbst überzeugen, eine Erinnerung, die ihn auch nach Jahrzehnten noch sichtlich betroffen machte. Ein Zusammenhang zwischen dem Krieg und dem Übergang der Masken in das Sortiment eines fliegenden Händlers scheint möglich.[175]

DIE EKPO-GESELLSCHAFTEN UND IHRE MASKERADEN IM 20. UND 21. JH.

Masken des vorliegenden Typs werden vorwiegend mit den *Ekpo*-Gemeinschaften der Ibibio im südöstlichen Nigeria assoziiert, wenn auch, wie wir gesehen haben, ihre Verwendung keinesfalls auf diese beschränkt geblieben ist. Über ihre Abläufe und Funktionen informiert uns eine Beschreibung des in den 1980er Jahren tätigen Feldforschers Daniel Offiong, der selbst ein *Ekpo*-Mitglied gewesen ist.
Laut seiner Darstellung besteht eine wesentliche Aufgabe dieser auf dörflicher Ebene organisierten Männergemeinschaften darin, mithilfe von hölzernen Masken und Gewändern aus Raphiafasern mächtige Ahnengeister zu verkörpern, in der Sprache der Ibibio als *Ekpo* bezeichnet. Diese wandeln bei Bedarf oder zu festen Anlässen unter den Lebenden, wie etwa bei den jährlichen Feierlichkeiten zum Abschluss der Aussaat. Die hierbei dargebotenen Tänze dienen der Unterhaltung des gesamten Dorfes, in dem sich die Ahnen für die kommenden drei Monate aufhalten sollen. Die Hauptaufgabe der *Ekpo* besteht aber darin, zu allen Zeiten über die Einhaltung sozialer Normen zu wachen, Beschlüsse des Dorfrates durchzusetzen, zur Mitarbeit an kollektiven Projekten anzuhalten und Streitigkeiten um Eigentum beizulegen. Dann sind die Arme und Beine der Tänzer mit Kohlenstaub geschwärzt und sie sind bewaffnet mit Macheten, Pfeilen, Bögen und Gewehren, von denen sie im Ernstfall Gebrauch machen können. Der Widerstand gegen

sie wird dadurch erschwert, dass sie als vermeintlich übermenschliche Wesen handeln. Die Anonymität, die der Maskentänzer bei seinem Auftritt genießt, bewahrt ihn ferner vor möglicher Vergeltung. Dass er seine Identität zu Gunsten eines Ahnen aufgegeben hat, befreit ihn sogar von den Verpflichtungen gegenüber Verwandten, Freunden und Nachbarn. Allerdings kann der Tänzer nicht willkürlich handeln, sondern nur im Einklang mit dem Charakter desjenigen, den er verkörpert. Verstöße können durch die übrigen *Ekpo*-Mitglieder, die hierarchisch organisiert sind, geahndet werden. Da Aufnahme und interner Aufstieg an die Leistung zunehmend hoher Gebühren gekoppelt sind, werden die höchsten Ränge von den Angehörigen der lokalen Elite bekleidet. Ihnen obliegt also letztlich die Leitung dieses machtvollen Mittels der sozialen Disziplinierung. Noch bis weit ins 20. Jh. hinein war die Mitgliedschaft eine Voraussetzung für den gesellschaftlichen Aufstieg eines jeden Mannes und war dementsprechend begehrt.[176]
Obwohl die *Ekpo*-Gemeinschaften ins Visier der kolonialen Verwaltungen und christlicher Bewegungen gerieten, haben sie das 20. Jh. überdauert und konnten auch zu der Zeit, als sich Scheideler in Afrika aufgehalten hat, einige ihrer Funktionen auf dörflicher Ebene erfüllen. Die mit den Maskeraden verbundenen Gewalttaten galten aber bereits damals als ein schweres Problem: Bekannte Fälle des Missbrauchs waren Übergriffe auf Nichtmitglieder, die die von der Gemeinschaft verhängten Ausgangssperren übertraten, Versuche abgewiesener Liebhaber, sich unter dem Deckmantel der Maske an Frauen zu rächen und Einschüchterungen von Passanten zum Zwecke des Geldsammelns.[177]
Andererseits werden die Maskeraden der *Ekpo*-Gemeinschaften bis heute als ein effektives Mittel der sozialen Kontrolle geschätzt, v. a. mit Blick auf Vergehen, die nach staatlichem Recht nicht justiziabel wären. So würdigen die nigerianischen Soziologen Dada und Olurotimi von der *Crawford University of the Apostolic Faith Mission* in einem 2015 veröffentlichten „Appell" den Beitrag der *Ekpo*-Gemeinschaften zur Durchsetzung solcher Verhaltensweisen, die auch von ihrer christlichen Religion gefordert werden. Durchaus positiv gesehen wird beispielsweise die schwerste Bestrafung sexueller Transgressionen. Befreit von ihren Schattenseiten, so die Hoffnung, könnten die Maskeraden zu einer wichtigen Attraktion für Touristen werden.[178] Auch der Historiker Uwem Jonah Akpan plädiert in einem 2017 erschienen Aufsatz für die Symbiose von moderner Staatlichkeit und „traditionellen" Methoden der sozialen Regulierung. Erstere wird von ihm nämlich als von der Kolonialmacht aufgezwungen und wenig effektiv dargestellt, insbesondere bei der Eindämmung von Korruption, Entführungen und Raubüberfällen. Zum erfolgreichen Aufbau der Nation müsse deshalb auf überkommene Werte und Institutionen zurückgegriffen werden, zu denen Akpan die *Ekpo*-Gemeinschaften ausdrücklich zählt.[179]
Die Tradition, aus der die farbenprächtigsten Masken der Sammlung Scheideler hervorgegangen sein dürften, stellt demnach kein Relikt der Vergangenheit da. Sie lebt bis heute und ist einem stetigen Wandel unterworfen, geprägt durch die Anpassung an gesellschaftliche Veränderungen und Erwartungen. Zumindest nach den Vorstellungen der hier genannten Autoren liegt ihre Zukunft nicht oder nicht nur in einer folkloristisch inszenierten Touristenattraktion.

Anmerkungen:

167 Himmelheber 1965, S. 114.

168 Vgl. Thurner 1995/6, S. 226.

169 Zahlreiche Absplitterungen zeigen deutlich, dass Gesicht und Rand der Maske zuerst mit gelber Farbe überzogen waren. Über dem Gelb liegt eine Schicht oranger Farbe, die der Bemalung der ersten Maske gleicht. Auch wurden schwarze Linien zur Betonung der Gesichts- und Augenkonturen aufgetragen. Beide Masken müssen sich demnach einmal deutlich ähnlicher gesehen haben, als sie es heute tun. Allerdings wurde auf die orange Oberfläche seinerzeit der Bart geklebt und das Geschlecht der Maske damit nachhaltig auf das männliche festgelegt. Im nächsten Schritt wurde das warme Orange der Maske durch die Auftragung einer dünnen schwarzen Schicht erheblich verdunkelt. Auf diese wurde, entweder sofort oder zu späterer Zeit, der Name „CHIDUBEM" geschrieben und das Muster aus schwarzen und weißen Halbkreisen um den Rand der Maske angebracht. Auf eine Übermalung des Schriftzugs wurde bewusst verzichtet, als das Gesicht und Teile des Rands mit der heute dominanten dicken Schicht umbragrüner Farbe überzogen wurden. Die jüngste Stufe der Bearbeitung stellen die dunkelroten Zierlinien unter den Augen der Maske dar, die rote Bemalung von Mund und Ohren sowie die Nutzung desselben Rots zur Ausmalung jener verbliebenen Flächen am Rand der Maske, die bis dahin im verdunkelten Orangeton verblieben waren. Der farbliche Werdegang der Frisur oder Kopfbedeckung lässt sich leider nicht mehr so deutlich nachvollziehen. Allerdings ist auch hier erkennbar, dass unter den dunkelgrünen und gelben Schichten zumindest stellenweise hellgrüne, gelbe und orange Farben verborgen sind.

170 Der orangen Maske entsprechen auf das 20. Jh. datierte Vergleichsstücke des *Michael C. Carlos Museums* mit der Objektnummer 1994.004.213. Ein weiteres so gestaltetes Exemplar mit dunkler Patina aus dem frühen 20. Jh. wird in zwei Monographien zur Vorstellung einer Schweizer Privatsammlung besprochen. Siehe Siegmann 1988, S. 172 und Hahner-Herzog, Kecskési und Vajda 1997, Taf. 49, Kat. 148. Ein der Chidubem-Maske entsprechendes Exemplar, zumindest bevor dieser ein Bart aufgeklebt wurde, befindet sich seit 1959 im Besitz des Kunsthistorikers Frank Willett und ist in dessen Monographie abgebildet. Siehe Willett 2003, S. 181.

171 Duerden 2000, S. 35 f.

172 Willett 2003, S. 177–181.

173 Cole und Aniakor 1984, S. 148 f.

174 Nwafor 2012, S. 208.

175 In der Tat setzte der Krieg nicht nur Menschenmassen in Bewegung, sondern auch Objekte. „In the Nigerian Civil War of 1967-70", so Sidney Littlefield Kasfir, „an unprecedented number of artworks were smuggled out of Nigeria and onto the world market." Kasfir 1999, S. 102 f.

176 Offiong 1984, S. 77–84.

177 Offiong 1984, S. 84–89.

178 Dada und Olurotimi 2015.

179 Akpan 2017.

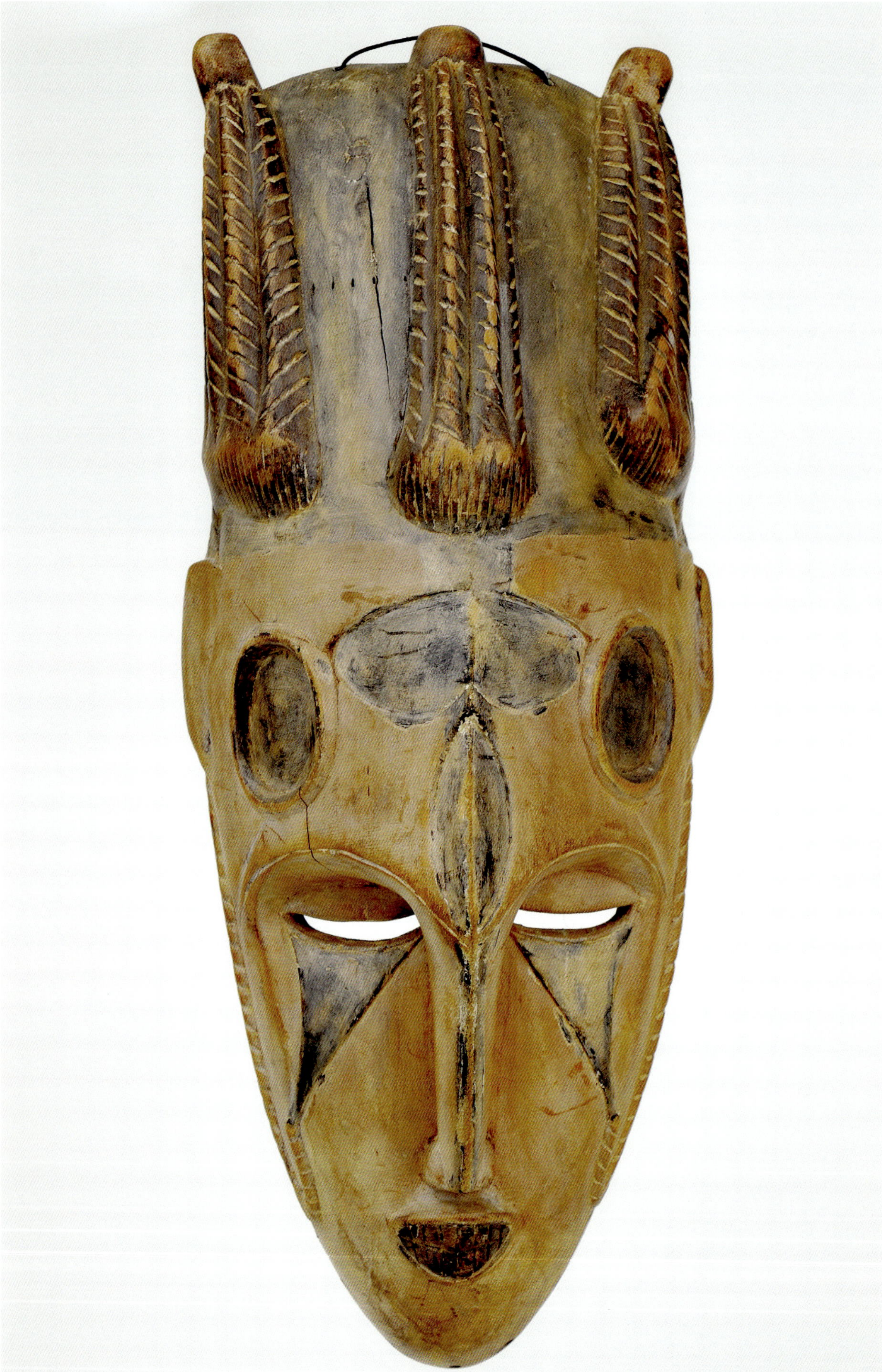

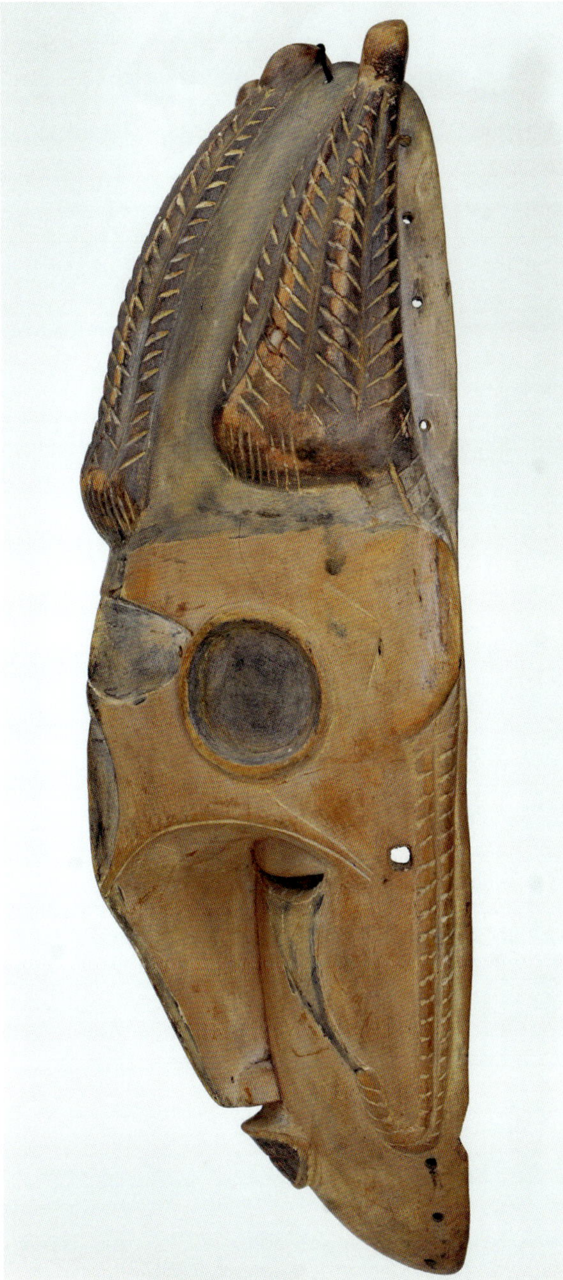 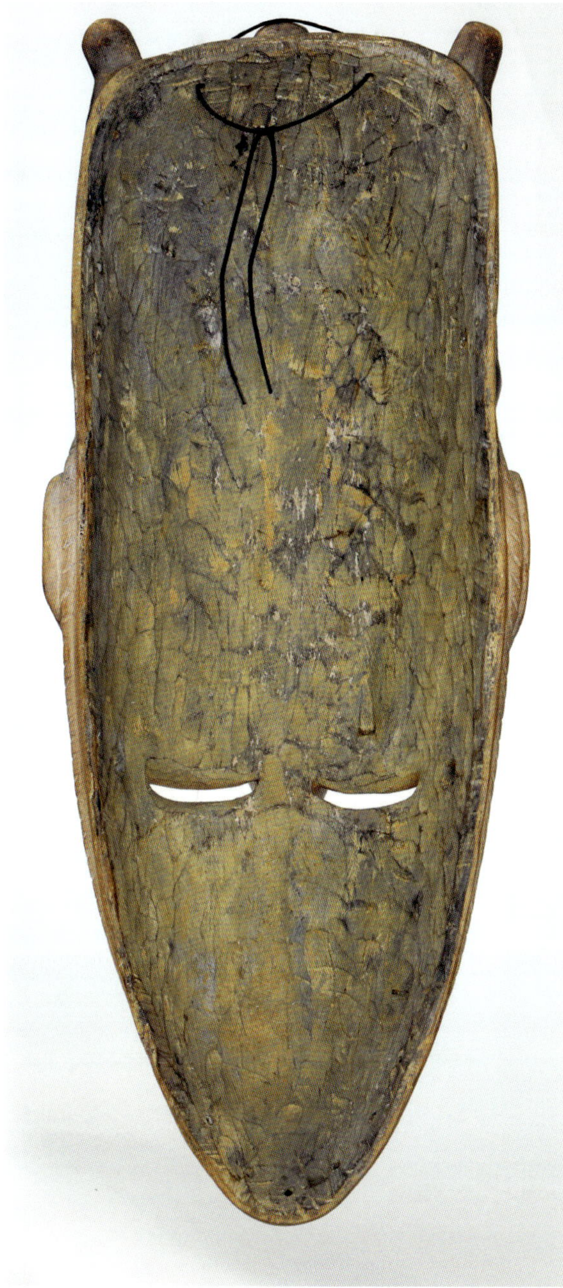

11. HELLE MASKE IM STIL DER NIGERIANISCHEN IGBO

Inv.-Nr.: V4777
Künstler: unbekannt
Material: Holz, bemalt, Schnürsenkel zur Aufhängung
Maße: H. 64 cm, B. 26 cm, T. 18 cm
Zustand: gut, Oberflächenrisse, künstlich patiniert
Erwerbsort: Nouakchott, Mauretanien
Datierung: 1960/70er Jahre

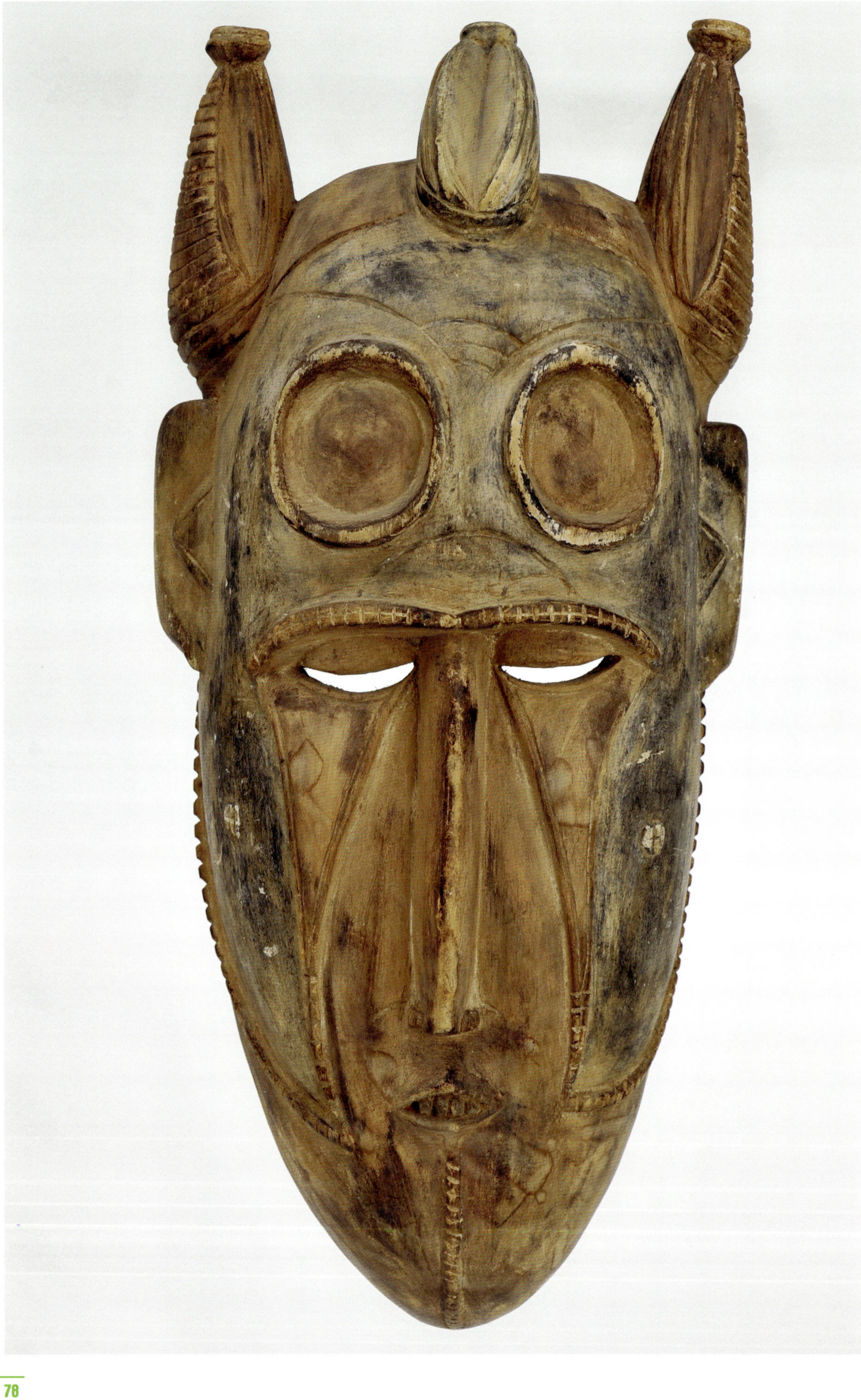

12. DUNKLE MASKE IM STIL DER NIGERIANISCHEN IGBO

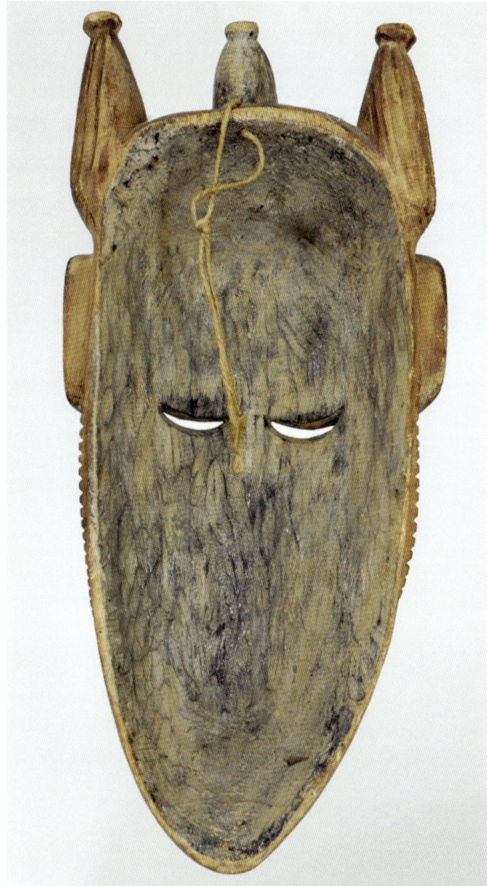

Inv.-Nr.: V4778
Künstler: unbekannt
Material: Holz, bemalt, Strick zur Aufhängung
Maße: H. 60 cm, B. 28 cm, T. 15,2 cm
Zustand: gut, künstlich patiniert
Erwerbsort: Nouakchott, Mauretanien
Datierung: 1960/70er Jahre

Die beiden besonders elegant anmutenden Gesichtsmasken sind aus leichtem Holz geschnitzt. Das erste, in hellerem Farbton gehaltene Exemplar überragt mit seinen 64 cm Höhe die zweite, dunklere Maske nur knapp. Ihre Frisuren zeichnen sich durch drei dicke, nach oben gerichtete Haarkämme aus sowie durch zwei dünne Haarsträhnen, die unter den Ohren herabhängen. Deren deutlich herausgearbeitete Flechtmuster heben sich auffällig von den ansonsten glattgeschliffenen Oberflächen ab. Auf der hohen Stirn beider Masken finden wir Zierkreise, zwischen denen rundliche Formen oder gebogene Linien angebracht sind. Gewölbte Augenbrauen treffen sich über langen, schmalen Nasen mit auffällig kleinen Nasenflügeln. Den Eindruck halb geschlossener Augen vermitteln sichelförmige Sehschlitze, deren Blick steil nach unten gewandt ist, als wolle er dem Gegenüber aus Scham oder Schüchternheit ausweichen. Zu Boden weisen auch die spitzen Zierdreiecke unter den Augen. Die kleinen schmallippigen Münder sind geöffnet und zeigen Zähne. Das Kinn der dunkleren Maske verfügt über einen vertikalen Zierstreifen. Farblich zeichnen sich beide Stücke durch einen v. a. bei der ersten Maske stark ausgeprägten Kontrast zwischen hellen und dunklen Flächen aus, der geeignet ist, die eleganten Züge des Gesichtes besonders wirksam zur Geltung zu bringen. Um den Rand beider Masken, bei denen es sich offensichtlich um zwei Exemplare desselben Typs handelt, wurden Löcher gebohrt. Ein Halteapparat ist jedoch nicht oder nicht mehr vorhanden.

Erworben wurden beide Stücke in Mauretanien, wo sich der Sammler zwischen 1966 und 1970 aufgehalten hat. Im Falle der dunkleren Maske ist ihm fest im Gedächtnis geblieben, dass der Kauf bei einem Hausa-Händler erfolgte, der seine Waren auf einem Markt in der Hauptstadt Nouakchott ausgebreitet hatte. Es war daher für ihn naheliegend, die Maske für ein mauretanisches Erzeugnis zu halten und vor dem Hintergrund seiner Eindrücke des Landes zu interpretieren. Dessen Bewohner hatte er auf seinen ausgiebigen Rundreisen durch Wüste und Savanne als Kamel- und Rinderzüchter wahrgenommen. Es war dies die Zeit der großen westafrikanischen Rinderpest, die durch eine internationale Kampagne

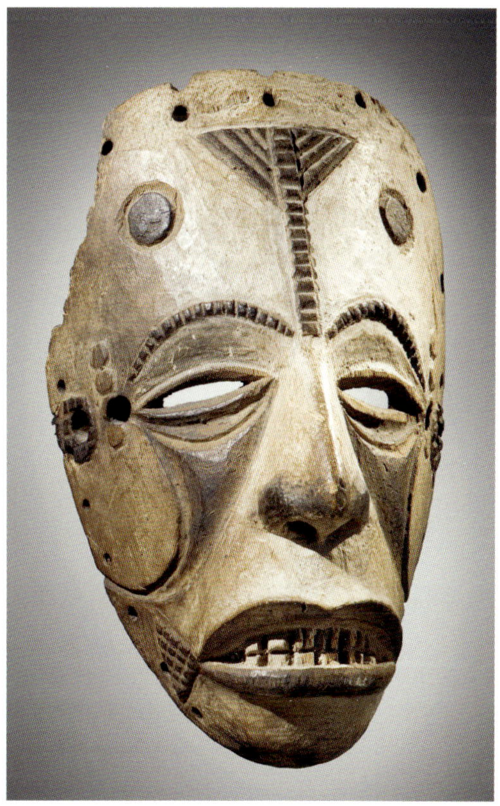

Abb. 16: Maske zur Verkörperung einer jungen Ahnin der Igbo, Nigeria, aus privater Sammlung, *Außereuropäische Kunst Dierking,* Zürich.

zur Impfung der Tierherden eingedämmt werden sollte. Auch deutsche und italienische Tierärzte waren daran beteiligt; sie gehörten zu den engen Reise- und Jagdgefährten des Sammlers. So kam er dazu, die Maske mit ihrer braunen Farbe, ihrem ovalen Gesicht und ihren wie Hörner nach oben gerichteten Haarkämmen für das Antlitz eines Rindes zu halten.

Vergleichsobjekte (Abb. 16) legen allerdings einen anderen Ursprung und eine gänzlich andere Bedeutung der beiden Stücke nahe: Die Gestaltung weist deutliche Ähnlichkeiten zu Masken auf, die bei den nigerianischen Igbo zur Verkörperung weiblicher Gottheiten und Ahninnen verwendet werden, beispielsweise junger, heiratsfähiger Frauen.[180] Eine gewisse Unsicherheit bleibt in der Frage der ethnischen Zuordnung allerdings bestehen, denn wie Herbert Cole mit Blick auf andere nigerianische Ethnien festgestellt hat:

„The Idoma, Okpella, and Urhobo also have white or light-faced female masks, as do the Ibibio and Ogoni, while some non-Igbo Cross River peoples have masks representing young women that are difficult to distinguish from Igbo examples.“[181]

Getragen werden derartige Masken bei den nigerianischen Igbo von Männern im Alter von 30 bis 50 Jahren. Wenn sie zu feierlichen Anlässen jungfräuliche Ahninnen von physischer und charakterlicher Vollkommenheit verkörpern, sollen diese eine zeitlose Vorbildfunktion für alle Frauen im heiratsfähigen Alter erfüllen. Der kleine Mund und die dünne Nase der Masken entsprechen deshalb einem verbreiteten Schönheitsideal, die Punkte und Kreise den bei Frauen üblichen Körperbemalungen.[182] Ihre helle Farbe ist nach Cole kein Indiz für europäischen Einfluss, sondern steht für die Güte und die Reinheit der verkörperten Person. Zu ihrer Gesamterscheinung gehört ein enganliegendes, buntes Kostüm mit zahlreichen Perlensträngen. Es erweckt den Eindruck eines hochgewachsenen, sportlichen Körpers mit engen Hüften und vollem Busen. Der Tanz der Maskierten ist denen junger Frauen nachempfunden, kann aber schneller und athletischer sein. Trotzdem müssen alle Bewegungen dem Wesen einer idealen Jungfrau entsprechen, deren Charakter in Folge guter Erziehung ebenso makellos zu sein hat wie ihr Aussehen. Nur rein, gehorsam und aufopferungsvoll ist sie nämlich der Stolz ihrer Familie und dank des zu erwartenden Brautpreises eine Quelle künftigen Wohlstands. Da es sich um einen Auftritt überirdischer Wesen handelt, kann das von ihnen angemahnte Ideal selbstverständlich von den echten Menschen kaum in aller Gänze erfüllt werden.[183]

Ob die beiden Masken aus der Sammlung Scheideler jemals zur Verkörperung derartiger oder anderer weiblicher Wesen benutzt worden sind, lässt sich zwar nicht mehr feststellen. Doch scheint das aufgrund ihrer Höhe von etwa 60 cm äußerst unwahrscheinlich. Im Einklang mit Bascoms Beobachtungen zur besonderen Größe von Souvenirstücken übertreffen sie ihre Vergleichsstücke um das Doppelte und mehr. Ferner verfügt die hellere der beiden Masken über eine auffällig hohe Stirn, deren wuchtig anmutende Erscheinung als Zug ins Groteske interpretiert werden könnte. Sollten die beiden Masken für den Verkauf an Ausländer hergestellt worden sein, wäre ihr Verkauf in Mauretanien ferner ein gutes Beispiel für die Mobilität der „Airport Art“.

Anmerkungen:

180 Vergleichsstücke abgebildet bei Cole Herbert M.: Igbo. 2013, Plates 29–36; Cole und Aniakor 1984, S. 128 f.; Eisenhofer 1997, S. 381–386.

181 Cole 2013, S. 57.

182 Siehe hierzu Bauer 1997.

183 Zu Aussehen und Bedeutung von Maske und Kostüm siehe Cole 2013, S. 42–44; Cole und Aniakor 1984, S. 120 f.; Okafor 1991, S. 45 f. Wie man sich die Auftritte der Jungfrauen zu der Zeit vorstellen muss, als sich der Sammler in Afrika aufgehalten hat, beschreiben Cole und Aniakor 1984, S. 121–125, siehe dazu auch Guggeis 1997, S. 341 f.

13. MASKE IM STIL EINER NGIL-MASKE

Inv.-Nr.: V4779
Künstler: unbekannt
Material: Holz, bemalt, Kupferringe und Zierelemente, Schnürsenkel zur Aufhängung
Maße: H. 59 cm, B. 29 cm, T. 15,2 cm
Zustand: sehr gut, patiniert
Erwerbsort: Gabun (?)
Datierung: 1960/70er Jahre

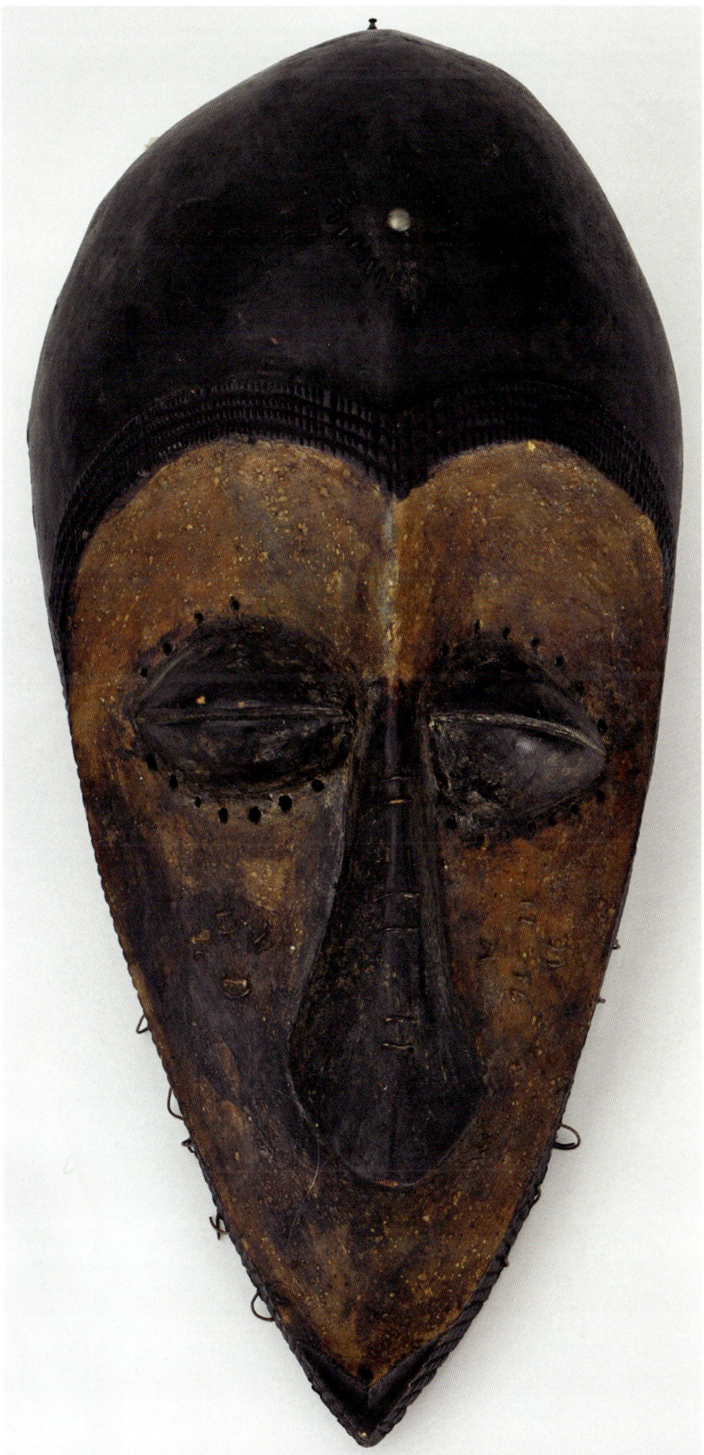

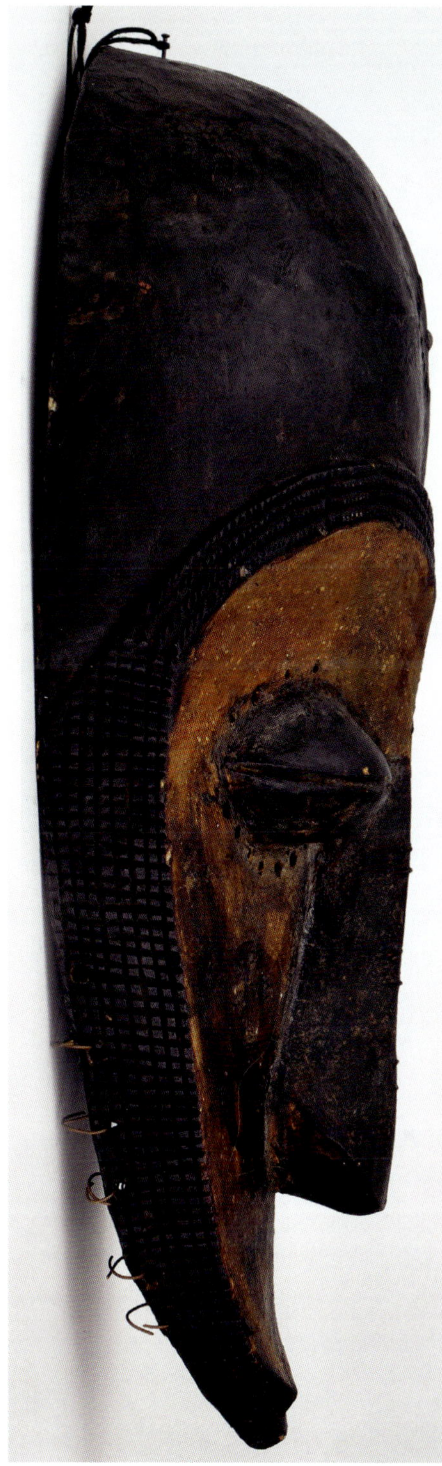

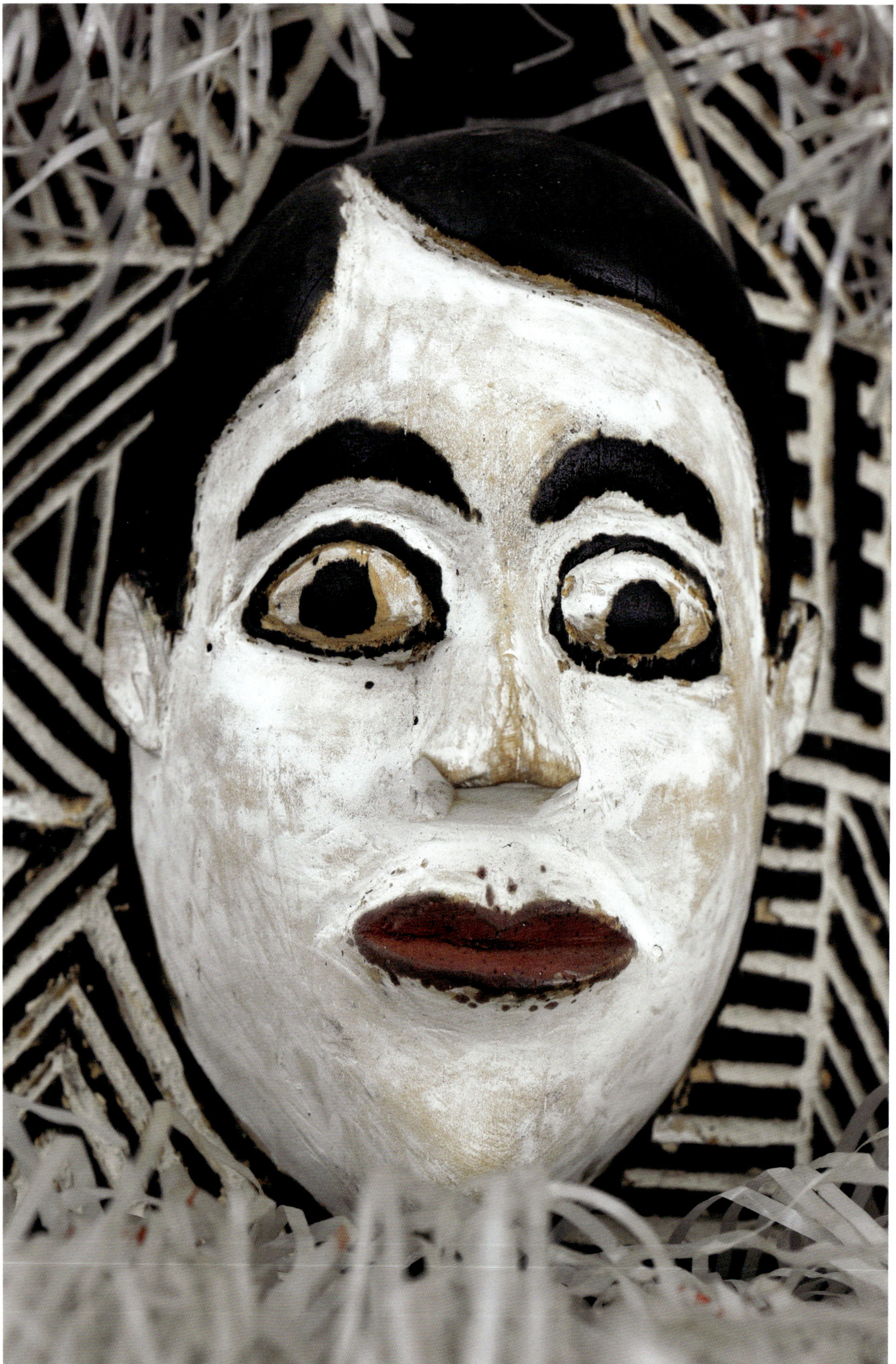

14. NGONTANG-HELMMASKE

Inv.-Nr.: V4780
Künstler: unbekannt
Material: Holz, bemalt, Kunststoff, Federn, Draht, Seil
Maße: H. 70 cm, T. 38 cm, H. (Holzkörper) 25 cm, B. (Holzkörper) 29 cm
Zustand: sehr gut
Erwerbsort: Libreville, Gabun
Datierung: 1960/70er Jahre

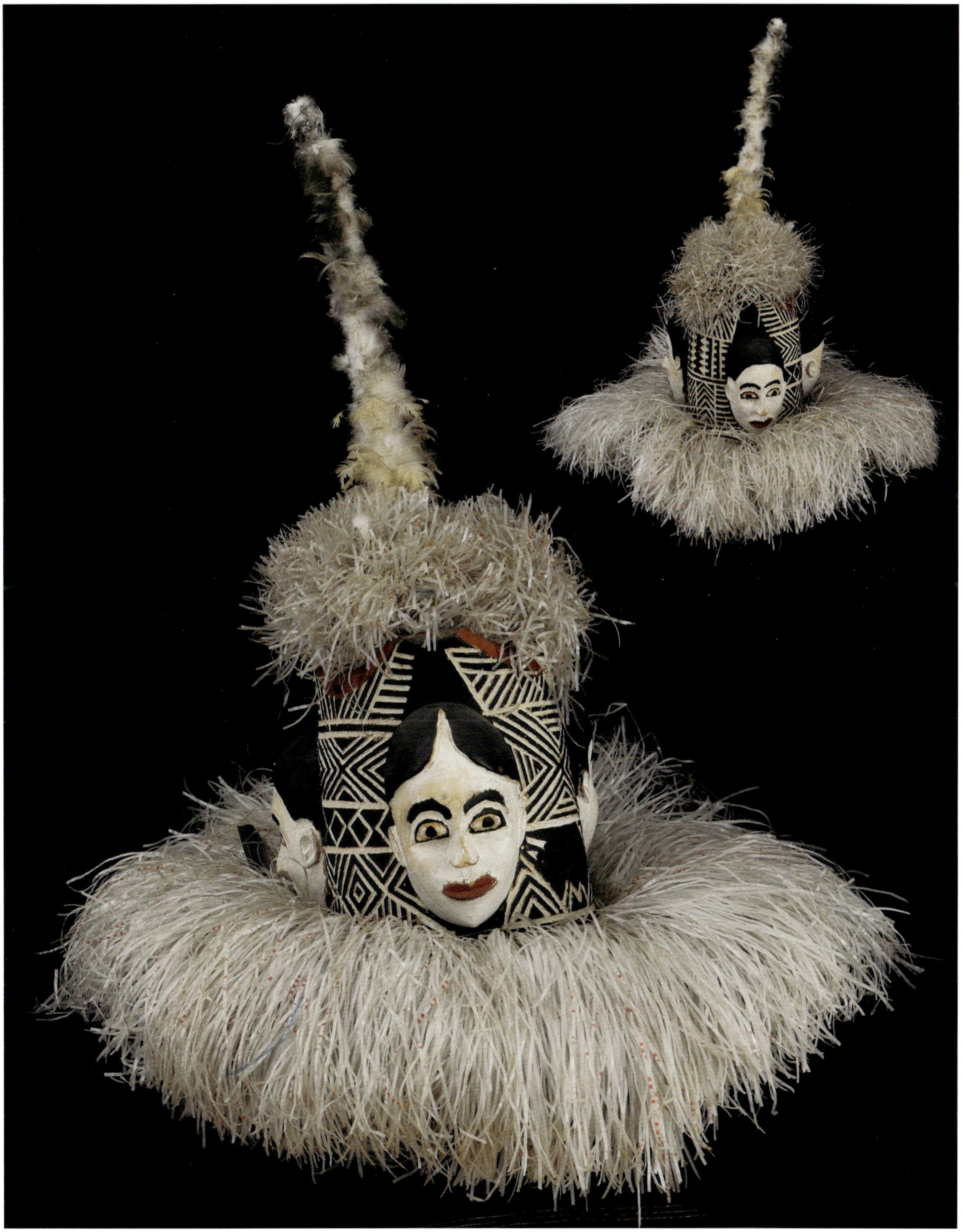

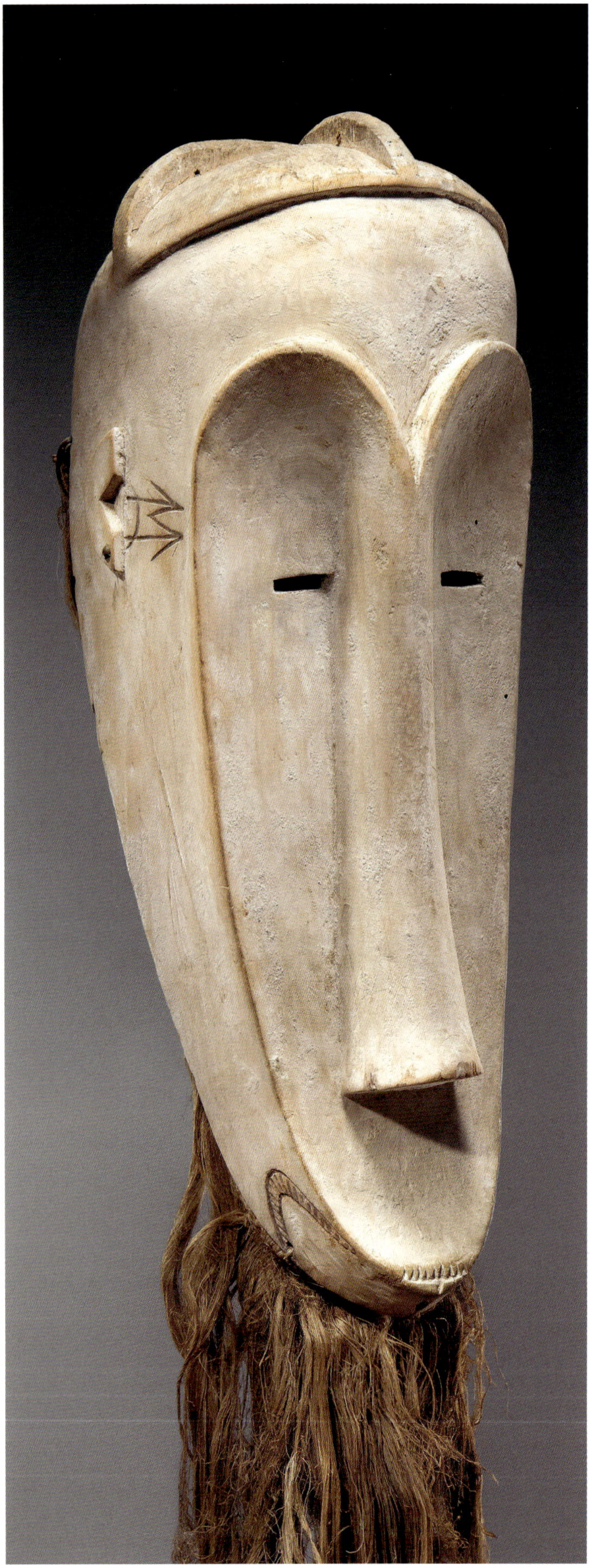

Die Fang, eine Ethnie im heutigen Kamerun, Gabun und Äquatorialguinea, verfügen über eine besondere Vielfalt an Masken, deren Gestaltung sich je nach Region, Untergruppe und Entstehungszeit unterscheidet. Allerdings ist nur wenigen Typen das besondere Interesse westlicher Sammler zuteilgeworden. Obwohl Museen in ihren Magazinen über eine deutlich größere Bandbreite verfügen, finden sich in ihren Ausstellungen bevorzugt solche mit entsprechendem Wiedererkennungswert. Zu ihnen gehören die berühmten *Ngil-* und *Ngontang*-Masken zur Aufspürung von Schadenszaubern.[184] Zwei entsprechende Exemplare finden wir auch in der Sammlung Scheideler, wobei zumindest im Falle der *Ngil*-Maske zwingend von einer Herstellung als Souvenir ausgegangen werden muss. Streng genommen kann daher nicht von einer *Ngil*-Maske gesprochen werden, sondern von einer Maske in deren Stil.

GESICHTSMASKE IM STIL EINER NGIL-MASKE

Die zum Munde hin spitz zulaufende, 59 cm hohe Maske wurde aus hellem Holz geschnitzt und mit braunen Farben überzogen, die der Oberfläche eine Lederoptik verleihen. Sie verfügt über Verzierungen aus Kupferdraht, die in die Wangen, den Nasenrücken und die wuchtige Stirn eingelassen wurden, in letzterem Fall angeordnet um einen Nagelkopf. Das herzförmige Gesicht wird von einem Reliefstreifen aus kleinen erhabenen Rechtecken umrahmt. Es ist in einem helleren Braunton gehalten als die Ränder der Maske, die Stirn oder die großen geschlossenen Augen. Interessanterweise wurde die Farbe so aufgetragen, dass die glatte Oberfläche des Gesichts mit zahlreichen Unebenheiten übersät scheint. Womöglich handelt es sich um einen bewussten Versuch, die Maske alt und verwittert aussehen zu lassen.

Entlang des Randes der Maske sind Löcher gebohrt, durch die Ringe aus Kupferdraht gefädelt wurden. Was sich hingegen nicht findet, sind Löcher, die auf eine Befestigung an einem Kostüm hinweisen.

Sehschlitze fehlen ebenfalls. Die Löcher, die um die herausragenden, aber geschlossenen Augen gebohrt wurden, wären hierfür deutlich zu klein. Sie scheinen wie der Kupferdraht einen rein dekorativen Zweck zu erfüllen. Folglich ist kaum anzunehmen, dass die Maske je dazu gedacht war, getragen zu werden. Ein auf der Oberseite der Maske eingelassener Nagel ermöglicht es allerdings, das Stück wie ein Bild an die Wand zu hängen.

An die genauen Umstände des Erwerbs kann sich der Sammler zwar nicht mehr erinnern. Er glaubt jedoch, sie von einem Händler vor einem Restaurant gekauft zu haben, und vermutet, dass es sich um eine seiner letzten Erwerbungen handelt. Demnach käme die Maske aus Gabun, einem der Heimatländer der Fang, und wäre um 1980 gehandelt worden.

Insgesamt erinnert ihre Form stark an die mit dieser Ethnie assoziierten *Ngil*-Masken. Deren Bekanntheit hätte sie zur idealen Vorlage für Souvenirkunst gemacht, denn spätestens seit den 1930er Jahren waren *Ngil*-Masken ein fester Bestandteil einschlägiger Sammlungen. Ihre Erscheinung zeichnet sich durch eine längliche, schmale Form aus, wobei Exemplare mit einer Höhe von bis zu 78 cm bekannt sind.[185] Wie bei dem Exemplar aus der Sammlung Scheideler ruht eine kräftige runde Stirn auf einem herzförmigen Gesicht. Die Nase hat einen flachen Rücken. Die Augen liegen eng beieinander, sind meist einfach gestaltet und können eine Mandelform aufweisen. Letzteres ist zwar bei der hier besprochenen Maske nicht der Fall: Ihre Augen sind groß und treten prominent hervor. Doch ihr kleiner, lippenloser Mund entspricht ganz dem einer typischen *Ngil*-Maske. Auch die Darstellung eines Bartes oder von Schmucknarben kann bei diesen vorkommen. Im Falle des hier besprochenen Exemplars scheint der Künstler dafür den Kupferdraht genutzt zu haben.

Europäischen Betrachtern mögen die einst mit weißer Tonerde gefärbten *Ngil*-Masken (Abb. 17) seit jeher besonders gefallen haben. Doch entspricht dies nicht ihrer beabsichtigten Wirkung, denn wo sie im späten 19. und frühen 20. Jh. zum Einsatz kamen, sollten sie Angst und Schrecken verbreiten. Getragen wurden sie von den Anführern einer in mobilen Milizen organisierten Männergemeinschaft, die sich der Aufspürung und Bestrafung von Schadenszaubern verschrieben hatte. Verkörpert wurde *Ngil*, ein mächtiger Geist aus der Totenwelt. Im Falle mysteriöser Krankheiten und Todesfälle, oder wo man sich durch Denunziation eines unliebsamen Mitmenschen entledigen wollte, konnte dieser ins eigene Dorf gerufen werden. Die nach diversen Ordalverfahren von *Ngil* und seinen Helfern verhängten Strafen reichten von körperlicher Züchtigung über Enteignungen bis hin zur Hinrichtung. Dass der Träger der Maske als Verkörperung eines höheren Wesens handelte, stärkte seine Autorität vor Ort. Es bewahrte ihn auch vor der Identifizierung und Vergeltung durch die Angehörigen seiner Opfer. Diese mit den Masken verbundenen Gewalttaten trugen dazu bei, dass die Milizen im frühen 20. Jh. von den kolonialen Behörden unterdrückt wurden. In einer 1997 erschienenen Monographie konnte Iris Hahner-Herzog herausarbeiten, dass die Verwendung derartiger Masken „vor mehr als sechzig Jahren erloschen ist.“ Auch der französische Feldforscher Jacques Binet stellte 1972 fest: „Tout semble avoir disparu.“ Seine Erklärung: Die Menschen hätten den bedingungslosen Glauben an die Geister verloren, der die Voraussetzung für die Wirksamkeit der Maskerade war.[186]

Als sich Scheideler in Gabun aufhielt, war der gefürchtete *Ngil* längst Geschichte. Von einer entsprechenden Verwendung seiner Maske ist deshalb nicht auszugehen. Bei ihr handelt es sich mit größter Sicherheit um ein an alte Formen angelehntes Souvenirstück.

Abb. 17, linke Seite: Seit den 1930er Jahren haben *Ngil*-Masken einen festen Platz in westlichen Sammlungen. Für gute Exemplare greift man tief in die Tasche. Das hier abgebildete Stück wurde 2018 über das Auktionshaus *Christie's* in Paris für 2.407.500 € versteigert.

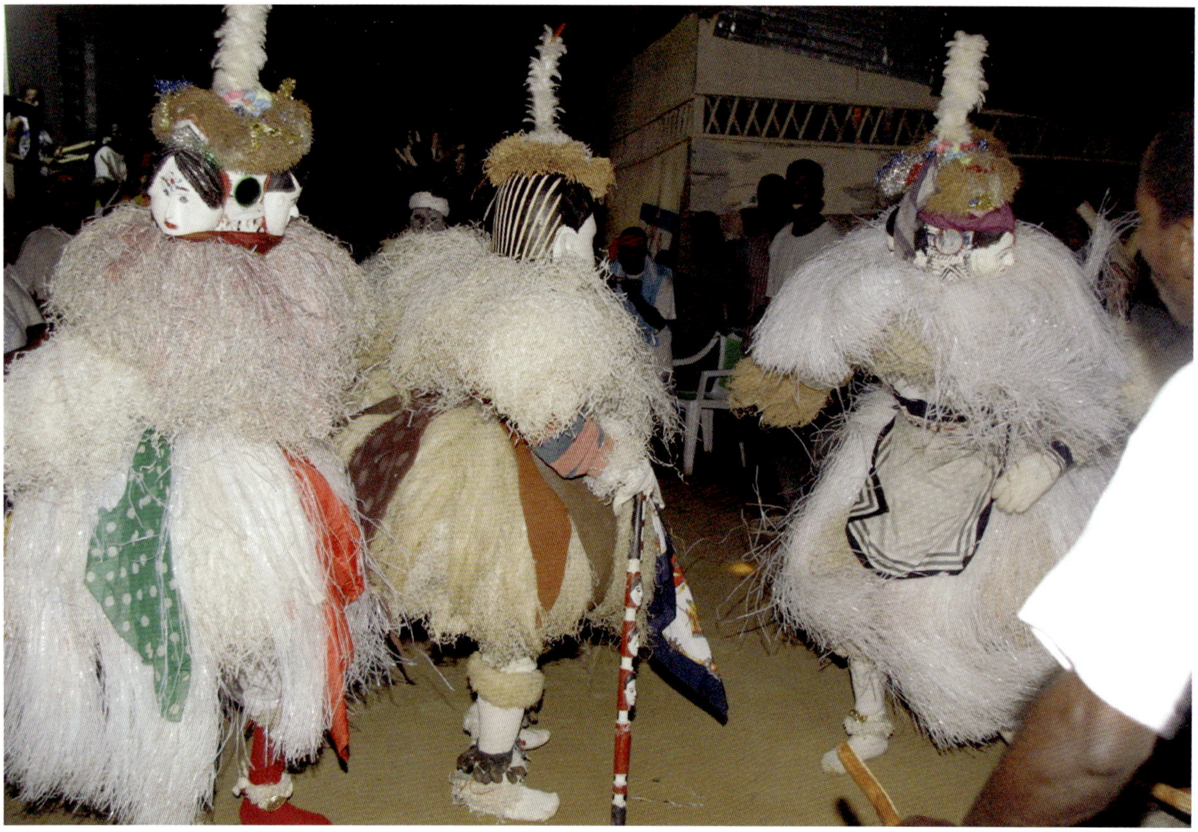

Abb. 18: Maskentänzer in vollem Kostüm mit *Ngontang*-Helmmasken, in Ntoum bei Libreville, Gabun, 2002.

NGONTANG-HELMMASKE MIT KUNSTSTOFFFASERN

Die prächtige Helmmaske besteht aus leichtem Holz und Kunststofffasern und wurde mit schwarzer, weißer und roter Farbe bemalt. Ihr bis zu 25 cm hoher Kern ist ein hölzerner Zylinder, der mit einem Relief aus geometrischen Mustern überzogen ist. Aus ihm ragen drei in gleichem Abstand angeordnete, naturalistisch gehaltene Gesichter hervor, die sich v. a. durch ihre Frisuren unterscheiden: Die eine ist mittig, die zweite seitlich, die dritte nicht gescheitelt. An der unteren Öffnung des Zylinders ist eine üppige Krause aus Kunststofffasern befestigt. Diese bedecken auch das Dach der Maske, aus dem ein mit kleinen Federn geschmückter Holzstab emporragt. Mit ihm hat sie eine Höhe von immerhin 70 cm.
Die Maske wurde in Gabuns Hauptstadt Libreville bei einem fahrenden Hausa-Händler erworben, der seine Waren vor einem Restaurant aufgebaut hatte. Die Kunststofffasern verrieten dem Sammler, dass er es mit einem neueren oder zumindest mit einem jüngst überarbeiteten Exemplar zu tun hatte. Ausschlaggebend für die Kaufentscheidung war die Bemalung ihrer drei Gesichter, die bis heute beim Sammler die Erinnerung an eine Autofahrt in den Kongo weckt:

> „Ich habe fast den ganzen Tag keinen Menschen, kein Auto gesehen. Ich komme in der Piste um einen Bogen herum, da läuft mir eine Frau mit weißem Gesicht entgegen. Später hörte ich dann, dass nicht Schwarz, sondern Weiß die Farbe der Trauer ist. Was daran stimmt, weiß ich nicht."

Ngontang-Helmmasken können bis zu sechs Gesichter aufweisen, wobei mehrgesichtige Exemplare erst im 20. Jh. dokumentiert sind. Sie werden entweder direkt auf dem Kopf getragen oder mithilfe eines Bambusgerüsts. Die jüngeren Masken, zu denen das Exemplar aus der Sammlung Scheideler gezählt werden kann, zeichnen sich laut Jacques

Binet durch den Naturalismus ihrer Gesichter und durch ihre gekämmten Haare aus (Abb. 18).[187]

Vergleichbar mit den *Ngil*-Masken kamen die *Ngontang*-Masken aber einst beim Aufspüren und Bekämpfen von Schadenszauberern zum Einsatz. Auch ihre Träger waren Mitglieder einer entsprechenden Gemeinschaft und galten bei ihren Auftritten als die Verkörperungen mächtiger Ahnengeister. Der Name *Ngontang* stellt eine Kontraktion der Phrase „Tochter des Europäers" dar. So kann vermutet werden, dass ein Zusammenhang besteht zwischen dem Aufkommen dieses Maskentyps und der wachsenden Präsenz von Europäern im Zentralafrika des 19. Jhs. Die hellhäutigen Neuankömmlinge wurden nämlich zuerst für übermenschliche Wesen gehalten, aufgrund ihrer hellen Hautfarbe, ihrer technischen Überlegenheit und ihrer Anreise über das Meer. Ferner waren ihre Aktivitäten geeignet, die gesellschaftlichen Strukturen und Normen zu erschüttern, was den Bedarf nach sozialer Kontrolle durch Maskentänze gesteigert haben könnte. Spätere Jahrzehnte sahen ihre Verwendung aber nur noch im Rahmen folkloristischer Veranstaltungen, auf Hochzeiten und, wie vom Sammler richtig vermutet, auch bei Trauerzügen.[188]

Ob das Exemplar aus der Sammlung Scheideler vor seinem Verkauf an einen Europäer auf diese Weise Verwendung gefunden hat, lässt sich zwar nicht mehr feststellen. Durch die Verwendung von Kunststoff anstelle der Raphiafasern für Krone und Krause hat der Hersteller ihre Haltbarkeit jedenfalls deutlich erhöht und damit letztlich im Sinne des Sammlers gehandelt. Bei Exemplaren aus dem frühen 20. Jh. sind diese integralen Bestandteile nämlich entweder längst verfault oder entfernt worden. Geblieben ist nur ihr hölzerner Kern, der als isoliertes Objekt kaum geeignet ist, einen Eindruck von der Pracht dieses Maskentyps zu vermitteln.

Anmerkungen:

184 Perrois 2008, S. 96.

185 Vergleichsstücke und Ausführungen zur Form einer typischen *Ngil*-Maske siehe z. B. Perrois 2006, S. 44 f., sowie die Abbildungen 45–49 in dessen Anhang.

186 Binet 1972, S. 43; Hahner-Herzog 1997, S. 66; Perrois 2006, S. 22 f.; Perrois 2008, S. 96 f. u. 105–110.

187 Binet 1972, S. 42.

188 Binet 1972, S. 44–46; Cohen und Joshua 2016; Hahner-Herzog 1997, S. 67; Kecskési 1999, S. 138; Perrois 2006, S. 45 f.; Perrois 2008, S. 101.

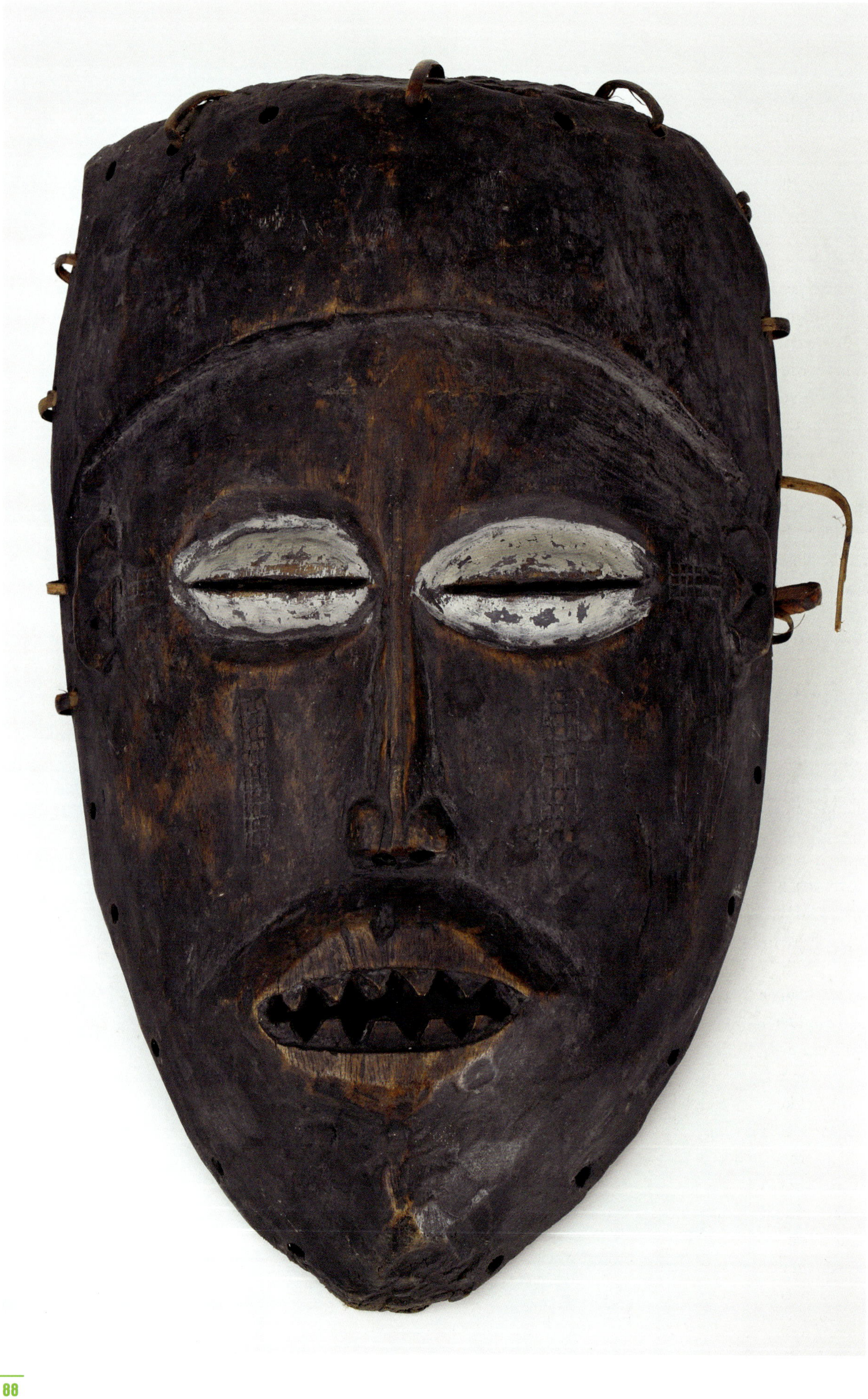

15. PWEVO- ODER MWANA PWEVO-MASKE AUS DEM SÜDLICHEN ZENTRALAFRIKA

Inv.-Nr.: V4781
Künstler: unbekannt
Material: Holz, dunkel lasiert und bemalt, Flechtwerk
Maße: H. 47,5 cm, B. 31 cm, T. 17 cm
Zustand: gut, angestoßener Rand
Erwerbsort: Nigeria oder Gabun (?)
Datierung: 1960/70er Jahre

Die Augen der 47,5 cm hohen dunkelbraunen Maske sind eingebettet in tiefe ovale Augenhöhlen und werden von schweren, weiß bemalten Lidern fast gänzlich verschlossen. Die breiten Lippen des Mundes sind geöffnet und offenbaren zwei Reihen angespitzter Zähne, die geeignet sind, der Maske in den Augen eines Europäers eine bedrohliche Note zu verleihen.[189] Nase und Ohren wirken demgegenüber deutlich unterproportioniert. Letztere verfügen über Löcher, die die Anbringung von Schmuckringen erlauben würden. Horizontal zwischen Augen und Ohren und vertikal unter den Augen verlaufen Streifen aus kleinen Quadraten. Löcher zur Befestigung an einem Kostüm sind um den gesamten Rand der Maske gebohrt. Nur jene am oberen Drittel werden allerdings für den aktuellen Halteapparat aus trocken und brüchig gewordenen Holzfasern genutzt. Wo genau er dieses besonders wuchtig anmutende Stück erworben hat, konnte Scheideler nicht mehr sagen, nur dass der Kauf bei einem Hausa-Händler erfolgt war, entweder in Nigeria oder in Gabun.

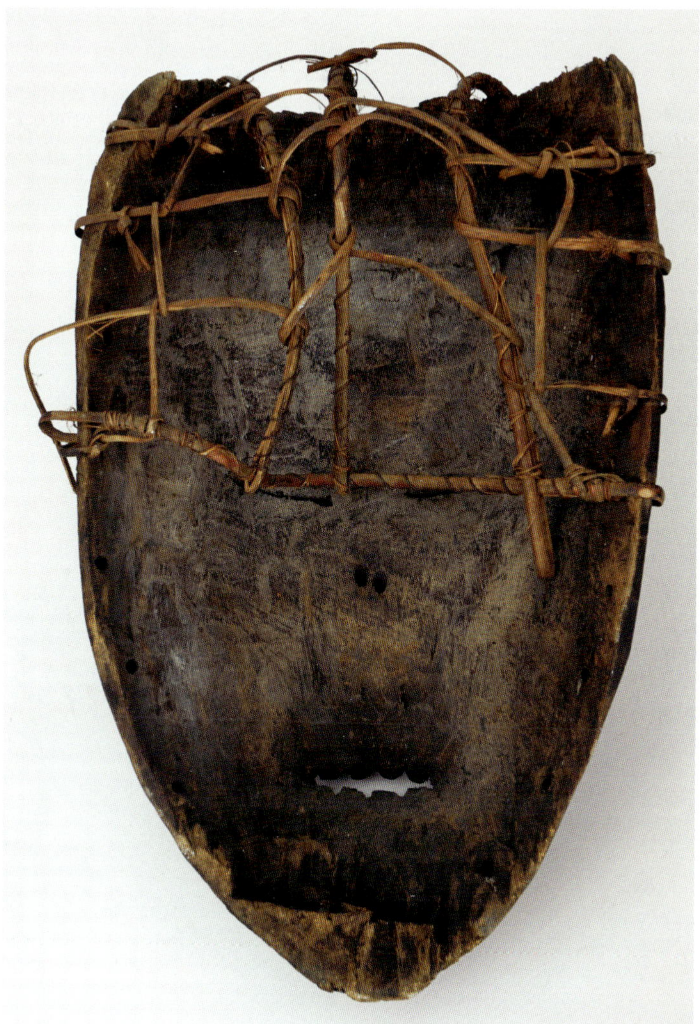

Eigentlich gehören eine aufwendige, feminine Haartracht und Schmuckringe zum Erscheinungsbild derartig gestalteter Masken, die bis heute im südlichen Zentralafrika zur Verkörperung von *Pwevo* und *Mwana Pwevo*[190] benutzt werden. Die beiden Frauen gehören zu den *Makishi*, Ahnengeister, deren Erscheinen eng mit der Initiation von Knaben in den Erwachsenenstand verknüpft ist. Durch die dabei übliche mehrmonatige Trennung von ihren Familien erklären sich die Zierstreifen an den Augen der Maske: Es handelt sich um die Darstellung mütterlicher Tränen, vergossen während der langen Abwesenheit ihrer Söhne sowie aus Stolz nach deren Rückkehr als vollwertige Männer.[191]

Bei der Gestaltung derartiger Masken orientiert sich der Schnitzer zum einen an den Schönheitsidealen seiner Gesellschaft. Zudem kann er sich eine lebende Frau zum Modell nehmen, nicht selten seine eigene Ehegattin oder eine Person aus dem Bekanntenkreis. Ihr entlehnt er die Form und die Proportionen der einzelnen Gesichtsteile sowie die Gestalt ihrer

Abb. 19: Ein Postkartenbild der 1920er Jahre zeigt eine Verkörperung der Ahnin mit den typischen Attributen Fliegenwedel und Rassel.

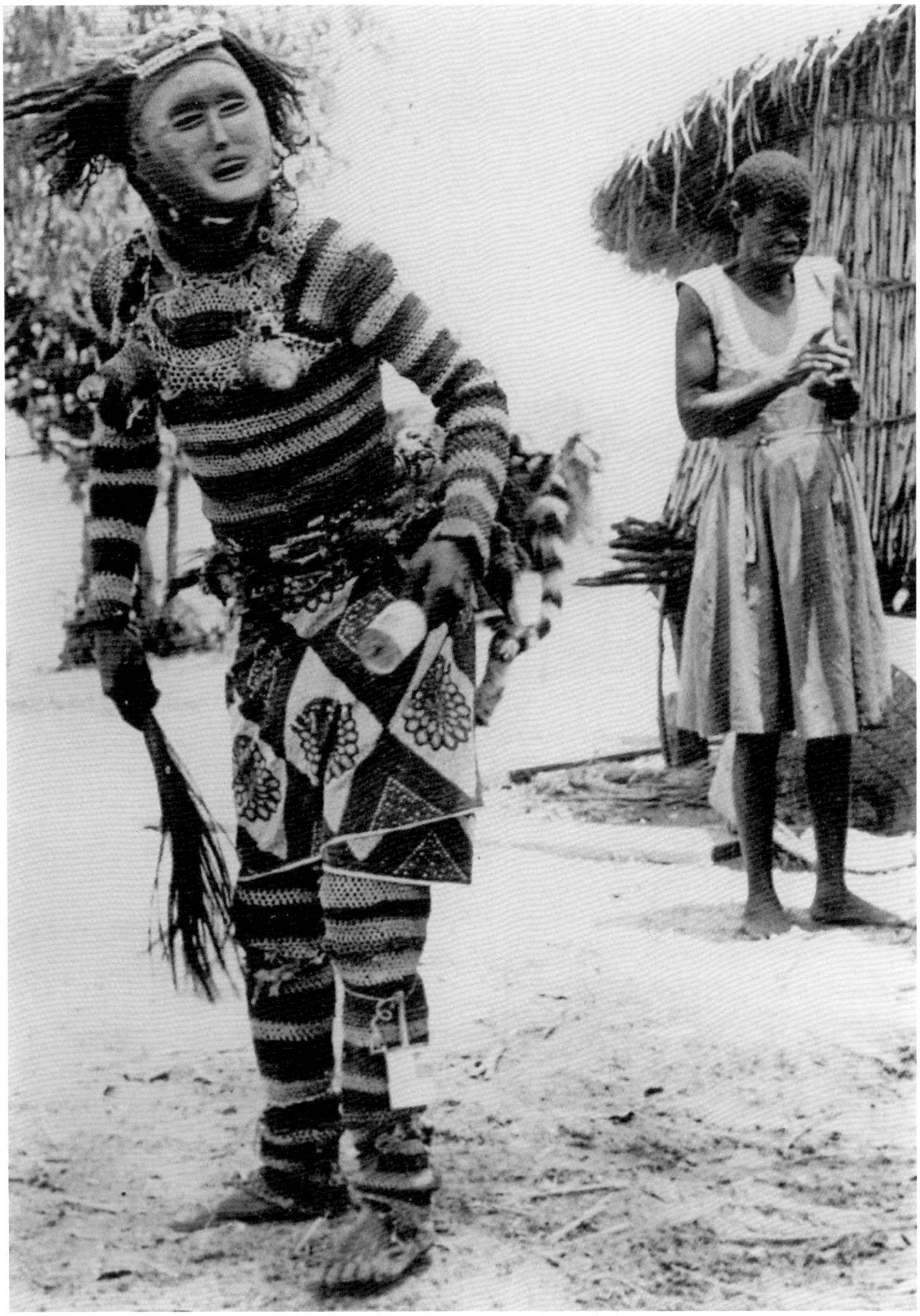

Schmucknarben. Der rötliche Farbton der Maske wird mithilfe roter Erde erzielt, die in Öl gesiedet und aufgetragen wird. Wo die Augen wie bei dem hier vorliegenden Exemplar mit hellen Augenliedern gerahmt werden, geschieht dies mittels weißer Tonerde.[192] Bei den *Makishi*-Tänzen handelt es sich um Auftritte von Ahnengeistern (Singular: *Likishi*) anlässlich der Initiation männlicher Jugendlicher in den Erwachsenenstand. Assoziiert wird die Tradition mit einigen Bantu-Ethnien wie den Chokwe, Luvale und Mbunda im heutigen Sambia, Angola und dem Kongo. Bei diesen ist es üblich, dass Jungen im Alter von 8 bis 17 Jahren ihre Familien für bis zu sechs Monate verlassen, um in einer nahe gelegenen, aber streng isolierten Schule der männlichen *Mukanda*-Gemeinschaft beschnitten und auf ihre Rolle als Ehegatten und Väter vorbereitet zu werden. Den Frauen ist es strengstens verboten, das Schulgelände zu betreten, denn eine Lockerung der Mutter-Kind-Bindung ist ausdrücklich erwünscht. Am Ende der Trennung stehen der symbolische Tod der Kinder und ihre Rückkehr in die Gemeinschaft, nunmehr als vollwertige Erwachsene. Dabei kommt es zu Auftritten der *Makishi*, die zur Anleitung und zum Schutz der Initianten unter die Lebenden zurückgekehrt sind. Sie verkörpern jeweils spezifische Charakteristika und ihre Auftritte dienen der Vermittlung didaktischer Botschaften. Den Tanz lernen die künftigen Erwachsenen erstmals in der *Mukanda*-Schule, so wie die Herstellung der dazugehörigen Masken und Gewänder.[193] Es gibt über hundert verschiedene *Makishi*, die mithilfe eines Maskenkostüms verkörpert werden können. Unter diesen nimmt die schöne, selbstbewusste und vorbildliche Frau einen prominenten Platz ein, sei es als die reife Dame *Pwevo* oder als junges Mädchen *Mwana Pwevo*. Neben Maske und Kostüm trägt sie meist eine Trillerpfeife, einen Dechsel oder einen Fliegenwedel (Abb. 19). Ihr überirdischer Charakter kann durch den Wandel auf Stelzen und durch gekonnte Akrobatik unterstrichen werden. Um ihre Hüfte, die sie auf sinnliche Weise zu schwingen versteht, ist ein Stoffrock mit klimpernden Anhängern gewickelt. Ihre Tänze unterstreichen die Fähigkeit der Ahnen zur Reproduktion und haben eine aufklärende Funktion, indem sie sogar den Sexualakt nachstellen. Andere Tänze verdeutlichen die fürsorgliche Rolle der Frau unter Einsatz von Fischkörben und Getreidemörsern.

Neigt sich der Aufenthalt der Knaben in der *Mukanda*-Schule dem Ende zu, ist diese Ahnin Teil der Delegation, die den örtlichen Dorfvorsteher um die Erlaubnis zur endgültigen Aufnahme in den Erwachsenenstand bittet. Insgesamt nimmt sie eine vermittelnde Rolle zwischen den Müttern und der von Männern dominierten *Mukanda*-Schule ein. Zwar handelt es sich bei den Herstellern von Maske und Kostüm sowie bei den Tänzern stets um Männer, denen es auf diese Weise obliegt, die Wesenszüge der idealen Frau zu definieren. Doch können die bei den Auftritten anwesenden Frauen ihren Einspruch geltend machen, entweder indem sie selbst in den Tanz einstimmen und die Mängel des Tänzers offenlegen oder indem sie ihn vom Platz scheuchen. Wo sein Auftritt hingegen gefällt, kann er zu künftigen Anlässen eingefordert werden. Hierzu darf der Talentierte zwar nicht beim echten Namen genannt werden, da den Frauen dieser zumindest offiziell unbekannt bleibt. Doch kann die von ihm verkörperte Ahnin mit einem speziellen Namen und eigenen Tanzliedern versehen werden.[194]

Wie viele der bis heute praktizierten Maskentraditionen sind auch die *Makishi*-Maskeraden nicht statisch geblieben, wobei Urbanisierung und Binnenmigration einen wichtigen Motor der Veränderung darstellen. Beispielsweise musste die Dauer der *Mukanda*-Schule in Anpassung an die staatlichen Schulferien drastisch reduziert werden und die Suche nach einem geeigneten Standort ist im städtischen Umfeld deutlich erschwert. Die Veränderungen spiegeln sich auch in der Art des Tanzes und der Gestaltung von Kostümen und Masken wider: Aufgrund des Fehlens bestimmter Bäume muss auf alternative Rohstoffe zurückgegriffen werden, wie Kunststoffe, Sisalfasern und Baumwolle. Auch die Farbgebung hat sich gewandelt. Ursprüngliche Hauptfarben für das Kostüm, das den Träger von Kopf bis Fuß bedecken soll, waren Rot, Schwarz und Weiß, das Blut der Beschneidung, den Tod des Kindes und die Reinheit der Wiedergeburt symbolisierend. Hinzu haben sich jedoch die grün-rot-schwarz-orangen Nationalfarben Sambias gesellt, v. a. nachdem die UNESCO den *Makishi*-Tanz im Jahre 2005 zum Weltkulturerbe erhob und damit endgültig zu einer gesamtnationalen Angelegenheit machte. So wurde der Tanz nicht nur partiell von seinen ethnischen Wurzeln gelöst, sondern auch von der Institution der *Mukanda*-Schule. Auftritte folkloristischer Natur finden nun für Touristen statt und zu Anlässen wie Hochzeiten und politischen Kundgebungen. An die Seite der belehrenden Gesänge der Ahnen kann populäre Musik treten und die Kostüme müssen ihre Träger nicht mehr gänzlich verhüllen.[195] Die UNESCO sieht heute sogar „the ritual's original character" in Gefahr (Abb. 20).[196]

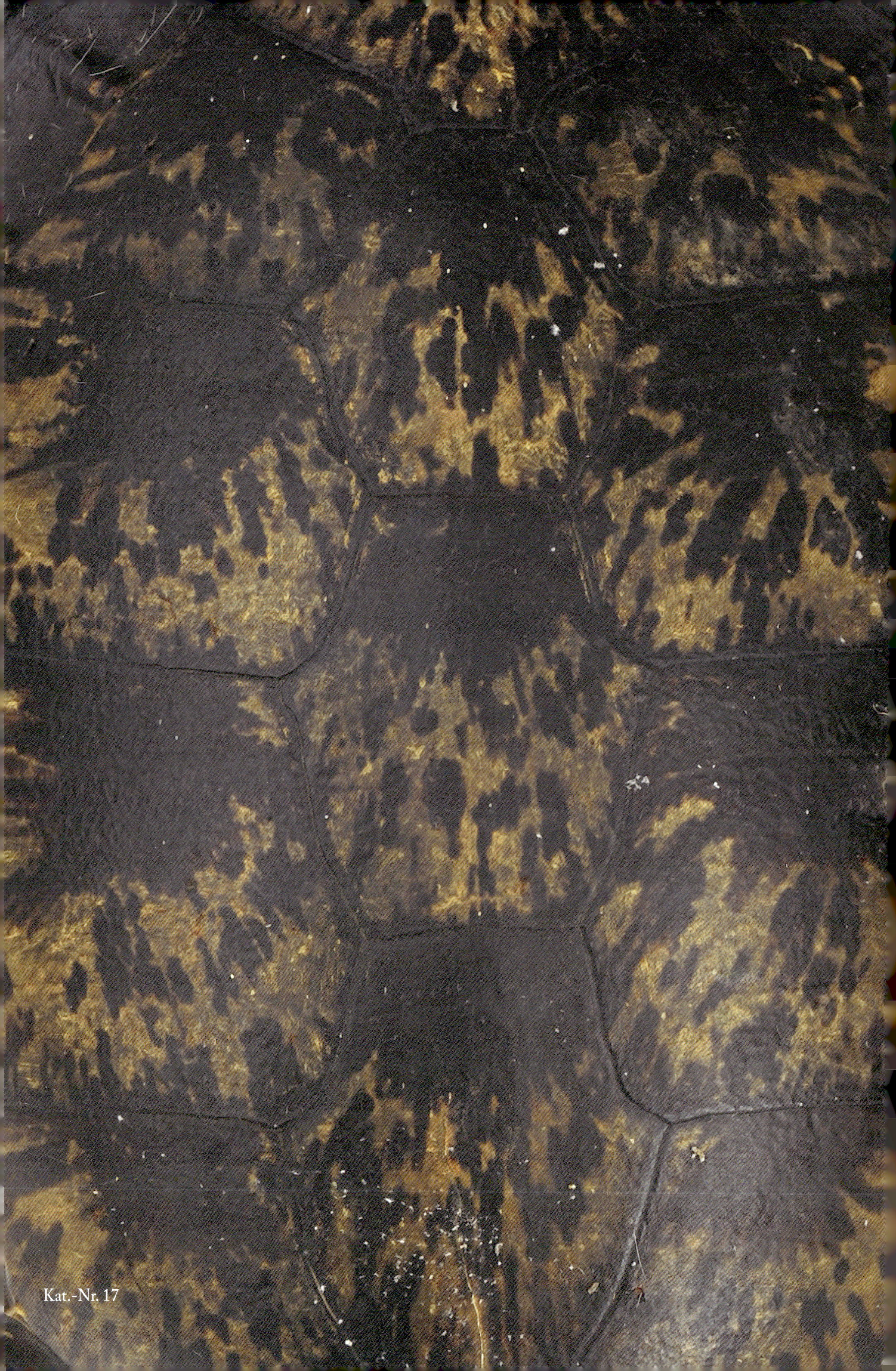

Kat.-Nr. 17

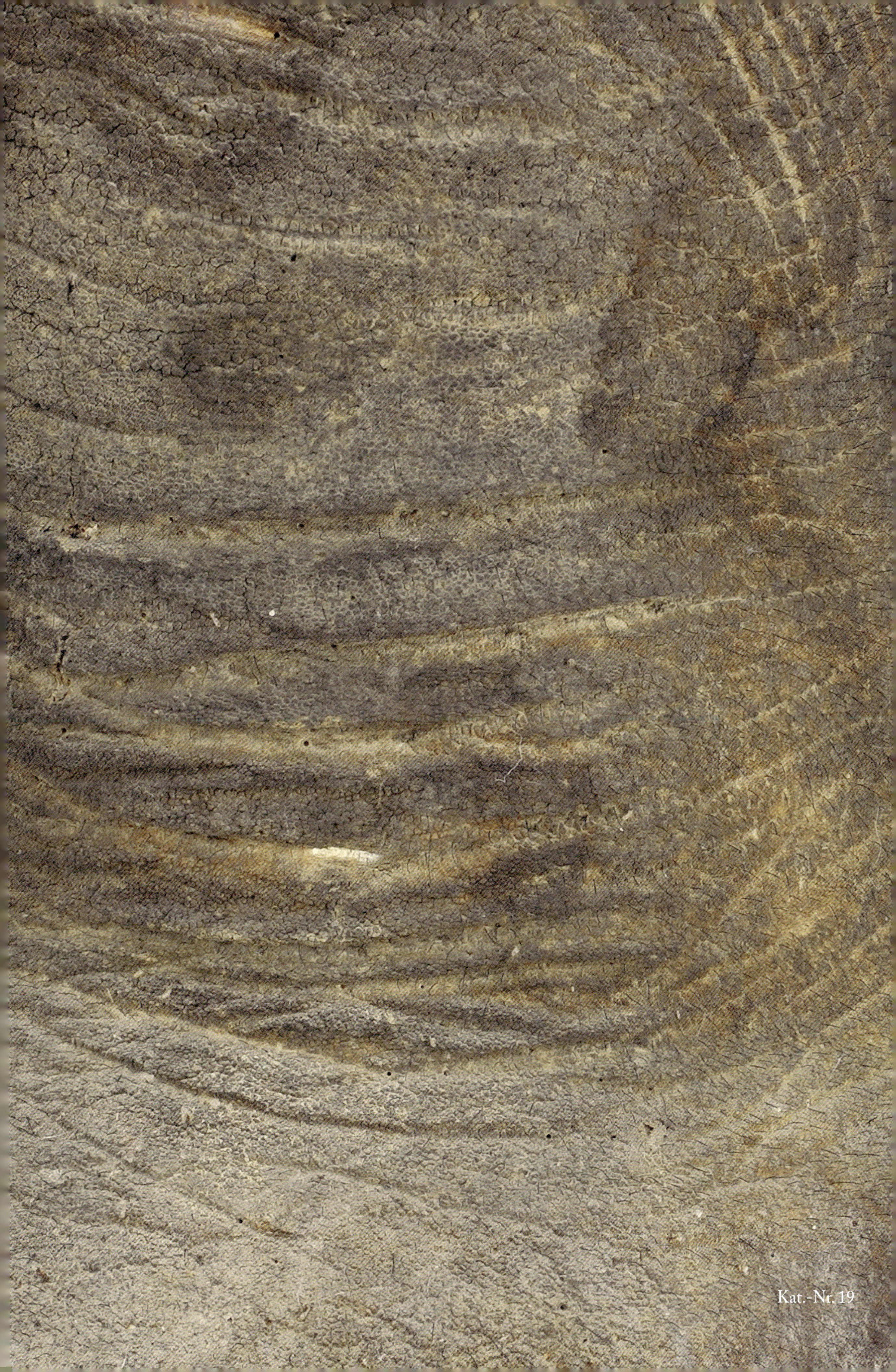

Kat.-Nr. 19

III. DIE JAGDTROPHÄEN AUS DER SAMMLUNG SCHEIDELER

16. RÜCKENPANZER EINER GRÜNEN MEERESSCHILDKRÖTE (CHELONIA MYDAS)

Inv.-Nr.: V4782
Herkunft: unbekannt
Material: Haut, Schildpatt, Knochenplatten
Maße: L. 77 cm, B. 61 cm, H. 18,8 cm
Zustand: gut, vom Körper abgetrennt

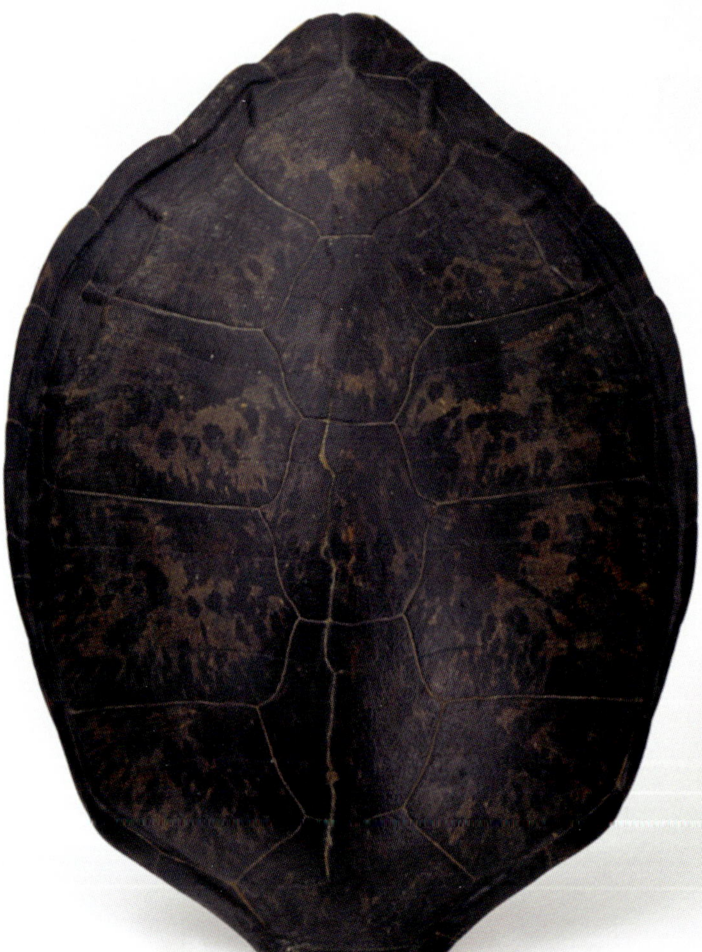

17. RÜCKENPANZER EINER GRÜNEN MEERESSCHILDKRÖTE (CHELONIA MYDAS)

Inv.-Nr.: V4785
Herkunft: unbekannt
Material: Haut, Schildpatt, Knochenplatten
Maße: L. 59,5 cm, B. 47 cm, H. 17 cm
Zustand: gut, vom Körper abgetrennt

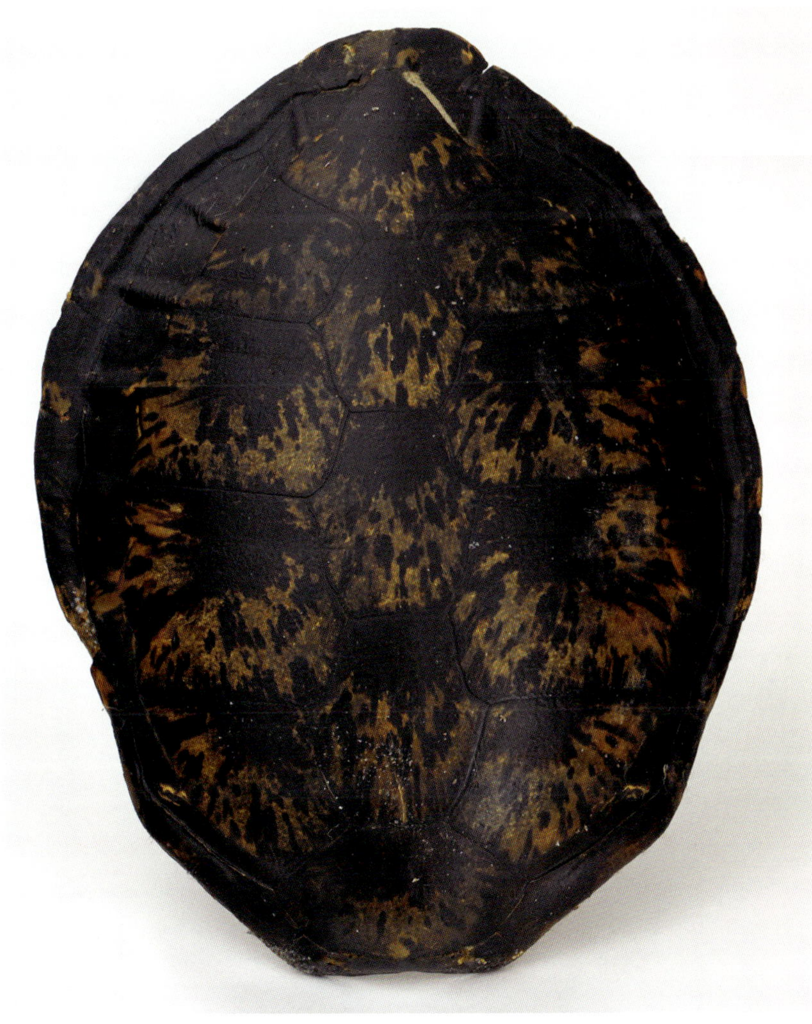

18. ELEFANTENFUSS

Inv.-Nr.: V4783
Herkunft: unbekannt
Material: Haut, Horn (Zehen), Haare
Maße: H. 46,5 cm, B. 20 cm, T. 34 cm
Zustand: gut, nur Haut und Zehen unterhalb des Kniegelenks erhalten, zur Nutzung als Gefäß

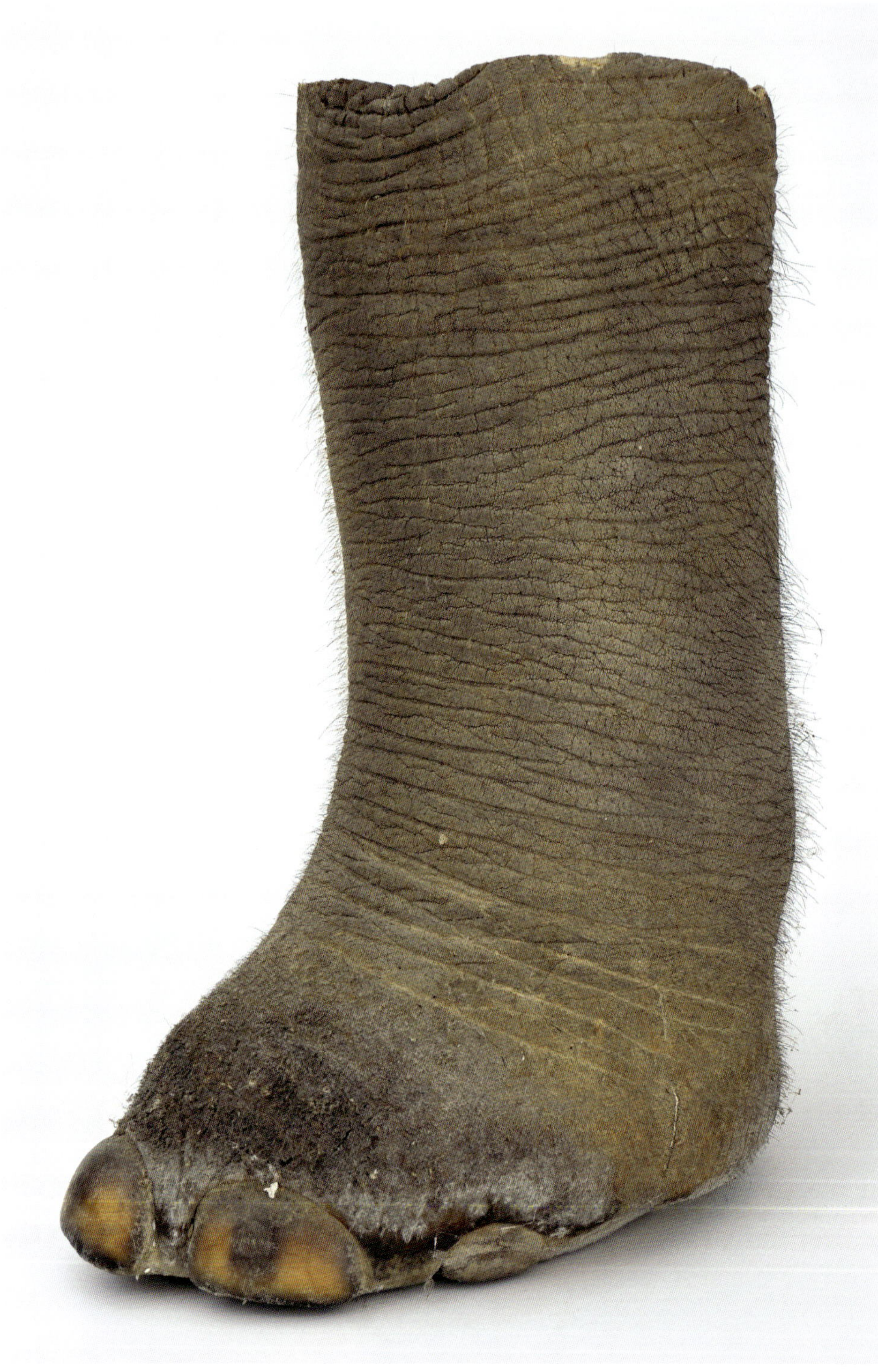

19. ELEFANTENFUSS

Inv.-Nr.: V4784
Herkunft: unbekannt
Material: Haut, Horn (Zehen), Haare
Maße: H. 41 cm, B. 20 cm, T. 29 cm
Zustand: gut, nur Haut und Zehen unterhalb des Kniegelenks erhalten, zur Nutzung als Gefäß

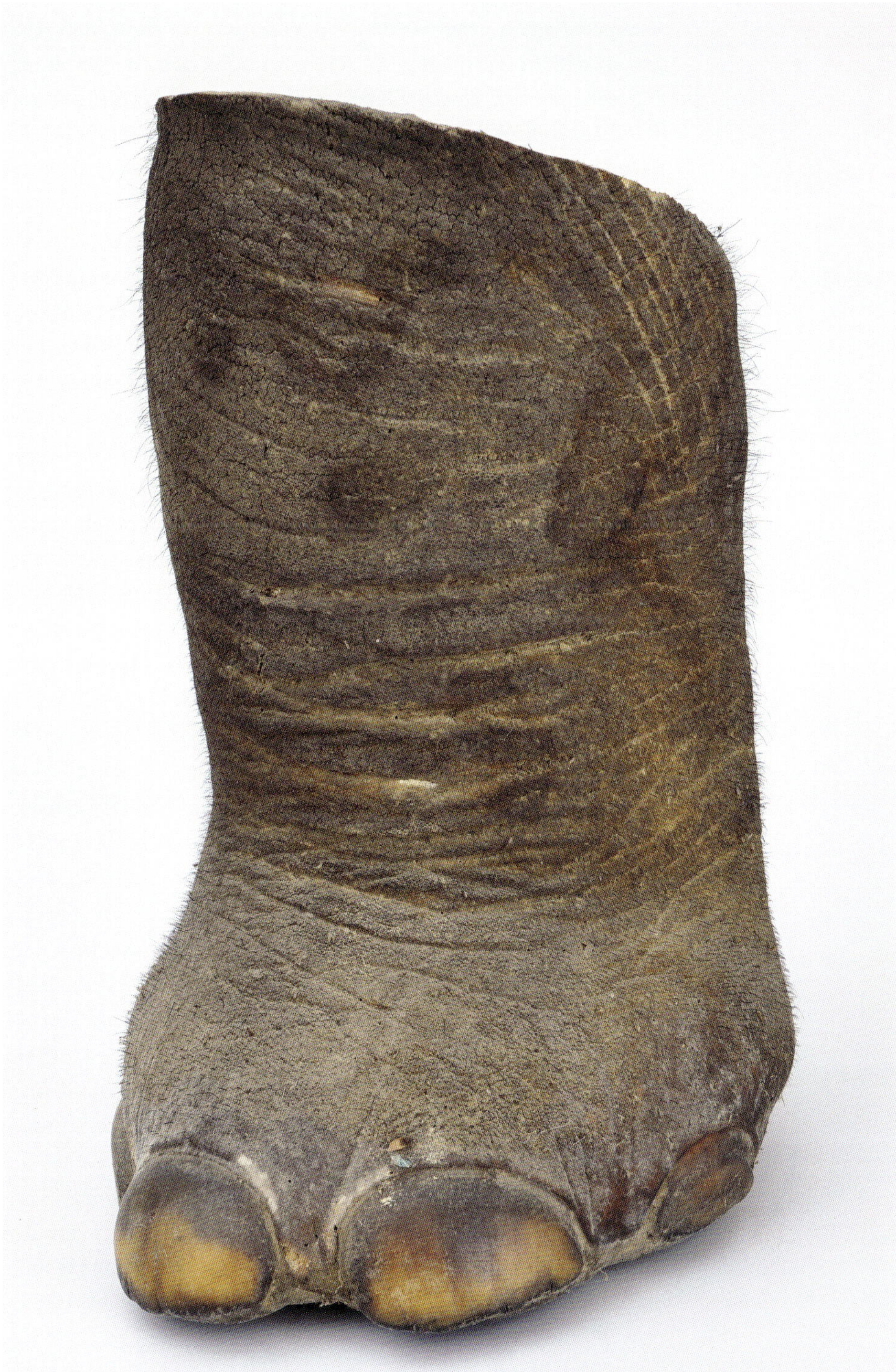

die verwittert anmutenden Oberflächen und Beschädigungen der beiden Gelbgüsse und einiger der Masken.

5. Innerafrikanische Mobilität: Wo Masken und Skulpturen für den Verkauf an ausländische Abnehmer hergestellt wurden, orientierten sich ihre Produzenten nicht nur an Objekten aus ihrem eigenen kulturellen Umfeld. Die muslimischen Hausa-Händler konnten ihre Waren ferner über weite Strecken vom Herstellungs- zum Verkaufsort transportieren. Diese innerafrikanische Mobilität der Objekte und ihrer Formen sehen wir auch bei der Sammlung Scheideler: Ihr mit Abstand größtes Objekt, die mannshohe Statue, kann zwar Vorbildern aus dem Süden des heutigen Kongo zugeordnet werden. Gehandelt wurde sie aber in Libreville, der Hauptstadt von Gabun. Dort erwarb der Sammler auch seine *N'tomo*-Maske, die mit den Initiationsriten einer Ethnie im tausende Kilometer entfernten Mali assoziiert wird. Gleichsam erfolgte der Kauf der beiden Igbo-Masken nicht im Südwesten Nigerias, sondern in Mauretanien.

6. Künstlerischer Wandel: Anhand der beiden *Mfon Ekpo*-Masken, deren Gestaltung mit Sicherheit nicht für einen westlichen Käufer erfolgte, lässt sich besonders gut nachvollziehen, warum zeitgenössische Beobachter wie Hans Himmelheber in den 1960er Jahren vom „Aufbruch zu einer neuen Phase der Negerkunst" sprechen konnten. Ihre bunte Bemalung entspricht in keiner Weise der Erscheinung älterer Museumsstücke, anhand derer so mancher Europäer bis heute seine Vorstellung davon entwickelt, wie eine typisch afrikanische Maske auszusehen habe. Dementsprechend unterscheiden sie sich auch von den übrigen Stücken der Sammlung Scheideler. Wie die beiden *Mfon Ekpo*-Masken in den Handel gelangten, lässt sich nicht mehr feststellen. Allerdings könnte ein Zusammenhang mit dem Biafra-Krieg (1967–70) vermutet werden, das wohl wichtigste Ereignis, das den Kontinent während Scheidelers Afrikazeit erschütterte.

7. Bekannte zeitgenössische Künstlerpersönlichkeiten: Zwar werden wir nie die Namen derer erfahren, die einen Großteil der Objekte aus der Sammlung Scheideler hergestellt haben. Die beiden signierten Holzskulpturen lassen sich aber den bekannten Künstlern Gani und Bisi Fakeye zuordnen. Vor allem letzterer sollte es ab den späten 1970er Jahren mit seinen zahlreichen stilistischen Experimenten zu internationaler Berühmtheit bringen. Die gegenüber seinen späteren Werken „traditionell" wirkende Skulptur einer Schango-Verehrerin kann daher als typisch für seine frühe Schaffensphase angesehen werden, die Zeit vor 1977.

Für das *Lippische Landesmuseum* stellen die von Karl-Josef Scheideler gestifteten Masken und Skulpturen eine wertvolle Ergänzung seiner afrikanischen Sammlungen dar. Bislang vermitteln uns diese einen Einblick davon, welche Objekte von den regionalen Reisenden des 19. und frühen 20. Jhs. mit in die Heimat gebracht wurden. Ähnliches kann nun mithilfe der Sammlung Scheideler für die 1960/70er Jahre geleistet werden, wobei besonders ein Unterschied zu den älteren Sammlungen ins Auge springt: Letztere wurden primär aus ethnologischem Interesse zusammengetragen und sollten die materielle Kultur des besuchten Erdteils widerspiegeln können. Herr Scheideler ließ sich bei der Auswahl seiner Objekte hingegen von ästhetische Vorlieben leiten und war beim Erwerb nicht selten spontan. Wie er im Gespräch erklärte: „Das gefiel mir und dann hab ich das gekauft!"

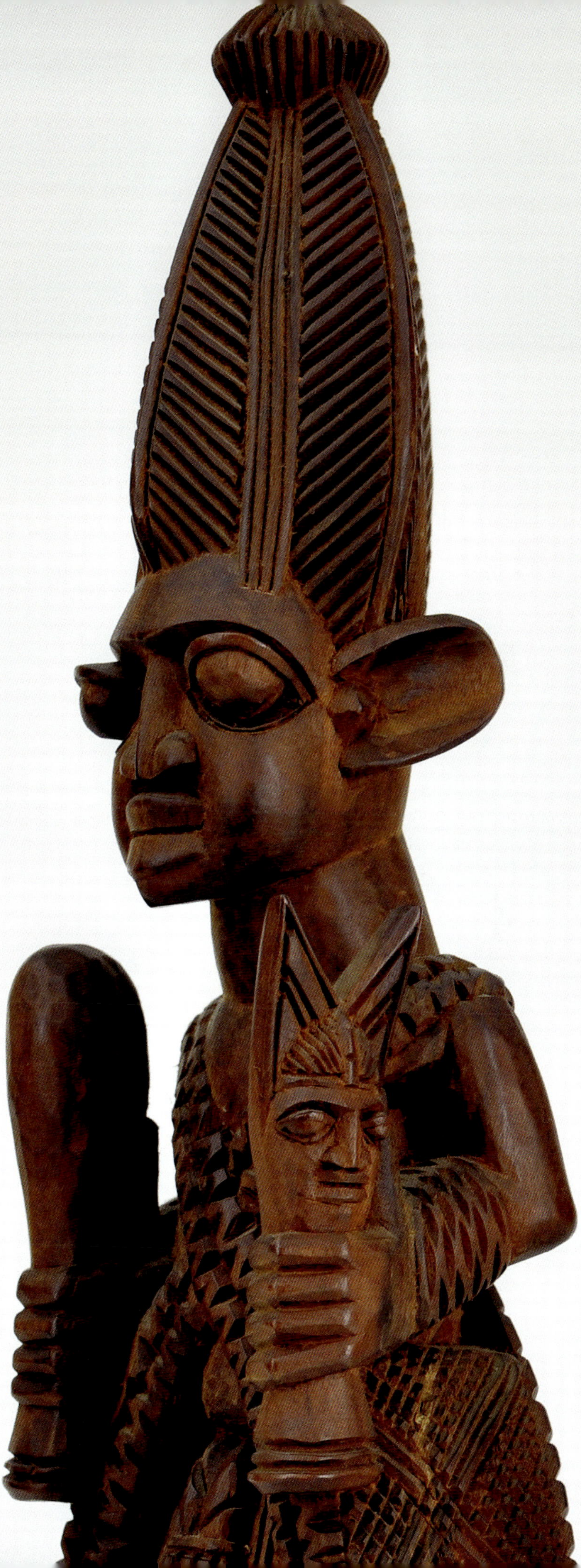

Kat.-Nr. 5

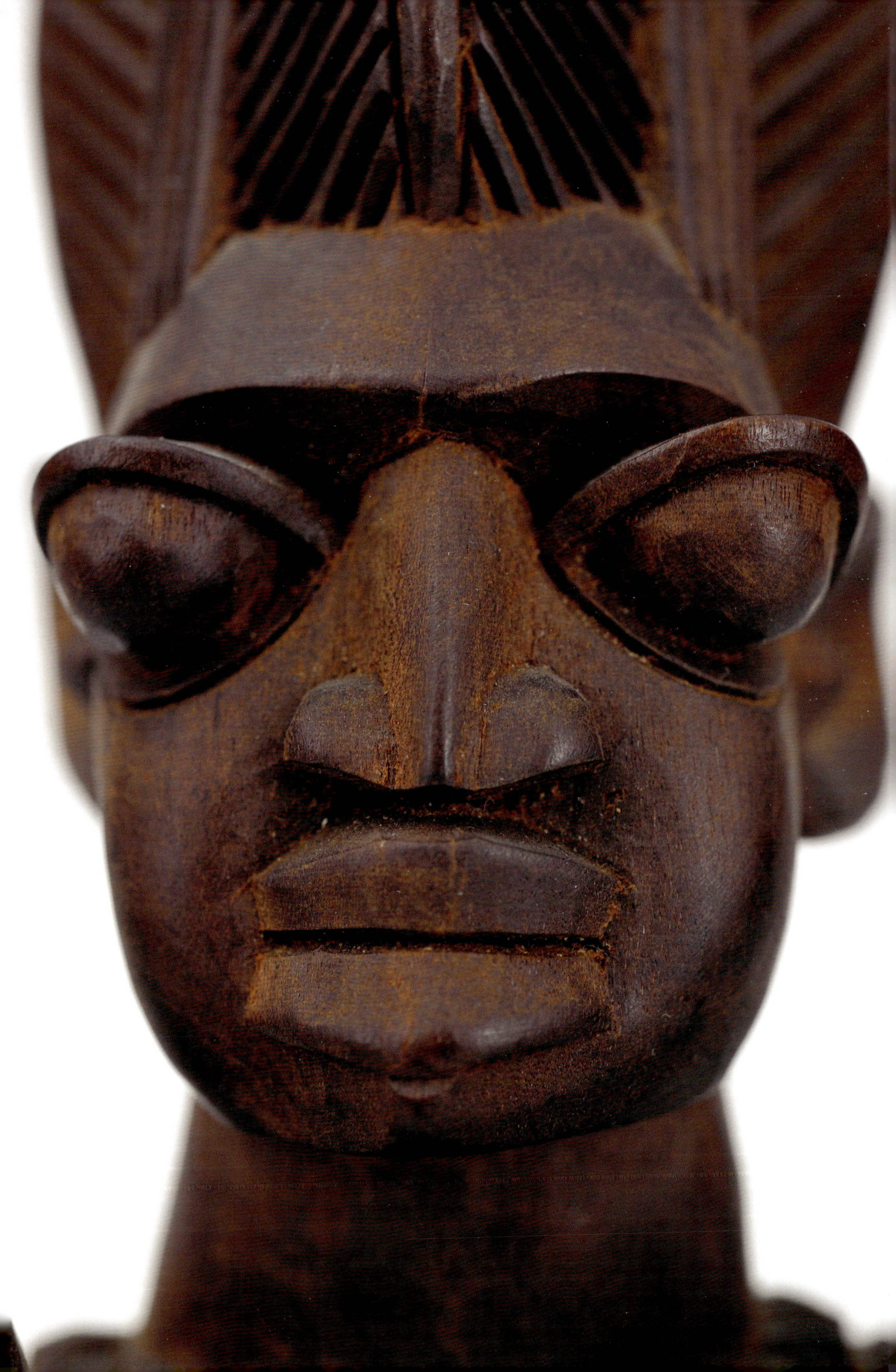

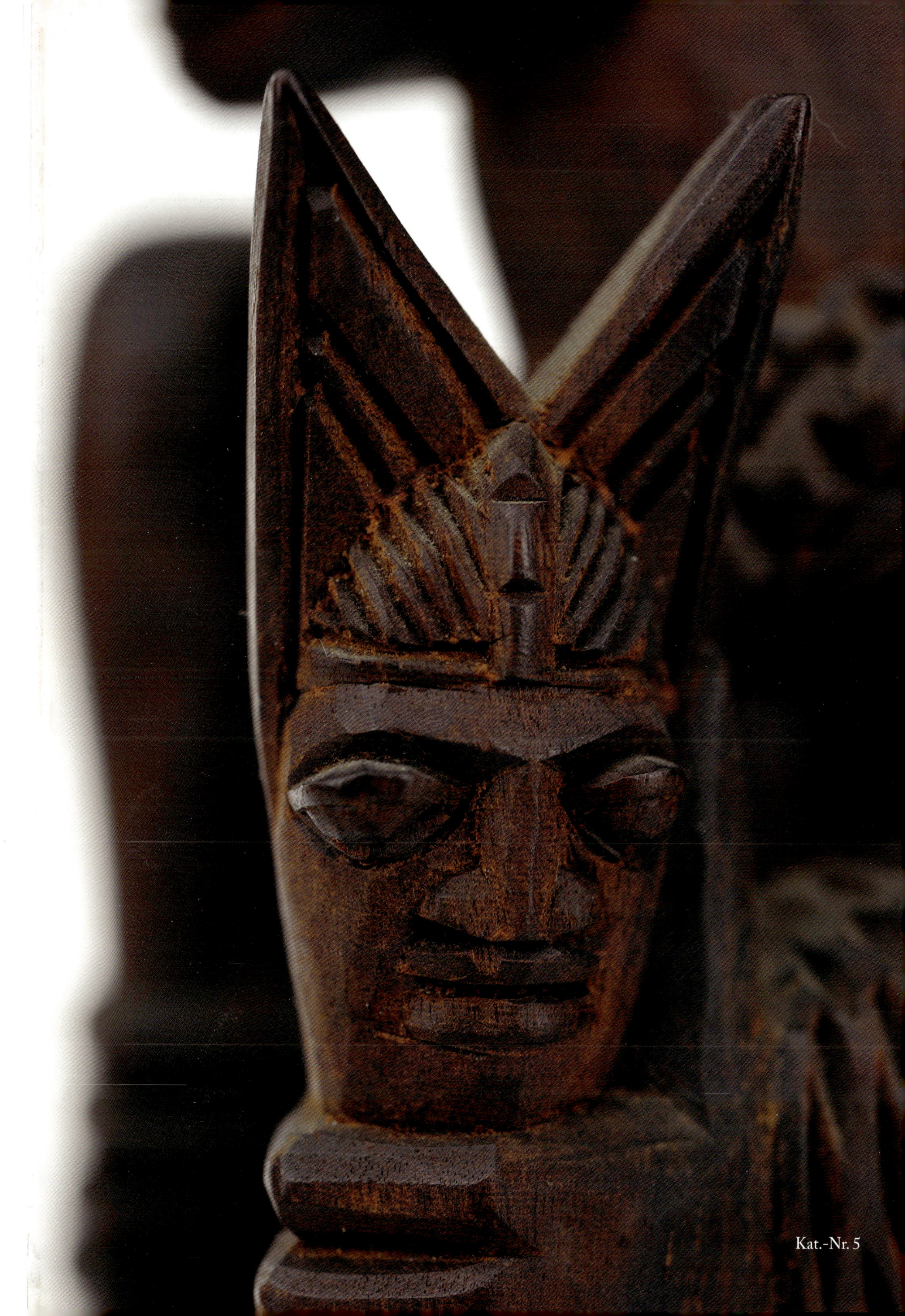
Kat.-Nr. 5